挑战与机遇：
现代物流管理

涂华斌　饶阳春　潘敬超　◇著

中国商业出版社

图书在版编目（CIP）数据

挑战与机遇：现代物流管理 / 涂华斌，饶阳春，潘敬超著. -- 北京：中国商业出版社，2024. 11.
ISBN 978-7-5208-3039-3

Ⅰ．F252

中国国家版本馆 CIP 数据核字第 2024MV4429 号

责任编辑：王　彦

中国商业出版社出版发行

（www.zgsycb.com　100053　北京广安门内报国寺 1 号）

总编室：010-63180647　编辑室：010-63033100

发行部：010-83120835 / 8286

新华书店经销

廊坊市博林印务有限公司印刷

*

710 毫米 ×1000 毫米　16 开　13.25 印张　221 千字

2024 年 11 月第 1 版　2024 年 11 月第 1 次印刷

定价：58.00 元

* * * *

（如有印装质量问题可更换）

作者简介

　　涂华斌，中共党员，高级双师型教师，副教授，本科学历，教育部职业教育教学基础专家库成员，江西省职业教育专家库成员，从事高等职业教育管理及现代物流管理专业教学20余年，现任共青科技职业学院经济管理学院常务副院长。主持参与各类研究项目20余项，指导学生参加职业技能竞赛获省级二等奖2项，荣获江西省职业教育教学成果奖一等奖1项。

　　饶阳春，中共党员，高校副教授（高级双师型教师）。在《教育科研》《物流时代》《职业教育法》《中国储运》等学术刊物上发表10余篇核心论文；主编课程教材5部；作为主要成员完成8项国家省级项目，多次带领学生参加国家级和省级大学生技能大赛并获奖。

　　潘敬超，现就职于共青科技职业学院，讲师。毕业于白俄罗斯国立大学经济学专业。主要研究方向为物流与供应链管理。先后在《中国农业会计》（*Journal of Innovation and Social Science Research*）等期刊上发表多篇论文。中国物流、采购与供应链行业高级人才库专家，中国物流学会会员，中信国际招标有限公司评审专家，南昌市朱占峰智慧物流技能大师工作室讲师等学术兼职。

前　言

在全球化进程不断加快的今天，物流网络的复杂性和重要性越发凸显。全球物流不仅连接着各个国家和地区，也推动着国际贸易和经济的发展。在这一背景下，如何有效设计和优化物流网络，以应对日益复杂的市场需求和供应链挑战，成为现代物流管理的核心课题。

信息技术和物联网的快速发展，为物流行业带来了前所未有的机遇和变革。现代物流管理不仅依赖于传统的运输和仓储，更融入了先进的技术手段和管理理念。这些技术创新不仅提高了物流效率，还为企业在全球竞争中赢得了先机。在仓储和运输管理方面，自动化和智能化技术的应用，极大地提高了操作效率和管理水平。同时，精准的库存管理和科学的需求预测，是确保供应链顺畅运行的关键因素。通过风险管理和供应链弹性的提升，企业可以更好地应对不确定性和突发事件，以保持稳定运营。绿色物流和可持续发展已经成为行业共识。企业在追求效率的同时，也需要承担起环境保护的责任，构建可持续发展的物流模式。客户关系管理和服务创新，是提升客户满意度和企业竞争力的重要手段。只有不断适应客户需求的变化，才能在激烈的市场竞争中立于不败之地。

本书深入剖析了全球物流管理面临的复杂挑战与巨大机遇，并从全球物流网络的复杂性出发，逐步探讨了供应链技术的革新、仓储管理的自动化、运输管理的效率问题以及库存管理与需求预测等核心议题。同时，风险管理和供应链的弹性、持续改进与精益物流等前沿理念也得到了详尽的阐释。特别值得一提的是，本书还专门讨论了绿色物流与可持续发展的重要性以及客户关系管理与服务创新的策略。

本书旨在为物流专业人士提供宝贵的实践指南，为学者和研究者揭示现代物流管理领域的最新动态和发展趋势，为读者提供系统的理论知识和实用的管理工具。希望本书能在理解和应用现代物流管理方面，为广大读者提供有益的启示和帮助。

目 录

1

全球物流网络的复杂性

全球化的影响

全球化对全球物流网络的复杂性产生了深远的影响，增加了供应链的长度和复杂性，带来了贸易壁垒和关税的挑战，因此需要整合多种运输方式，提高了对供应链风险管理的需求，以推动物流技术的发展。全球化同时增加了环境和可持续性的压力，也带来了文化和语言障碍，这就要求在不同国家的物流基础设施条件下进行优化，并需要具备国际视野和专业知识的人才来应对这些复杂的挑战。

一、增加的供应链长度和复杂性

全球化使得供应链变得更长、更复杂，原材料可能来自一个国家，加工在另一个国家，最后组装在第三个国家。这种跨国生产和运输需要高度协调，并涉及多重合规要求、文化和沟通障碍、物流协调的复杂性以及风险管理和环境可持续性的挑战，显著增加了物流网络的复杂性。

（一）供应链长度的增加

全球化推动企业在全球范围内寻找最具成本效益的原材料和生产地点。例如，一个电子产品的原材料可能来自南美洲的矿山，这些矿产被开采后运往亚洲的工厂进行加工和制造。在亚洲工厂完成初步加工后，零部件可能会被运送到欧洲的组装厂进行最终的组装和测试。最后，成品从欧洲分发到全球市场。这一过程中，每个环节都分布在不同的国家和地区，使得供应链的长度显著增加。原材料从南美洲运输到亚洲，经过复杂的海运或空运过程，再从亚洲运输到欧洲进行组装。这种跨国运输需要协调多个国家的物流系统，每个国家的交通基础设施、运输法规、关税政策等都可能不同，因此，在一定程度上增加了物流管理的复杂性。由于每个生产环节都可能面临当地的政治经济环境、劳动力市场变化、自然灾害等不确定因素，这就要求企业具备强大的应变能力和风险管理策略。供应链的每个节点都必须高效运作，任何一个环节的延误或中断都会影响整个供应链的效率和稳定性。

全球化供应链不仅涉及不同国家的时间差异和文化差异，还需要处理多种货币的兑换和国际贸易的合规性问题。所有这些因素叠加在一起，使得全球供应链的管理难度大大增加，企业必须投入大量资源和技术手段来确保供应链的顺畅运作和高效管理。

（二）生产环节的分散

跨国生产意味着不同的生产环节分散在多个国家。每个环节都可能受到当地政策、经济状况、劳动力市场等因素的影响。因此，企业需要具备强大的协调能力，以确保各个环节顺利衔接。

（三）物流协调的复杂性

跨国运输需要考虑不同国家的运输方式、基础设施和法规，这使得物流协调变得极为复杂。为了确保货物按时到达目的地，企业必须综合利用海运、空运、铁路和公路运输，并在每个环节进行精确的时间安排和运输方式的选择。

（四）多重合规要求

全球供应链需要遵守多个国家的法律法规，每个国家在进出口、税务、环保等方面都有不同的要求，企业必须确保符合所有相关规定，以避免因合规问题导致的延误或罚款。这种合规要求增加了全球供应链管理的复杂性，因此，企业需要建立强大的合规体系，并配备专业的法律和合规团队，深入理解和遵守各国的法规。

（五）文化和沟通障碍

不同国家有不同的文化和商业惯例，跨文化沟通是全球供应链管理的一大挑战。例如，在亚洲国家，商业决策往往需要较长时间的磋商和建立人际关系。这种做法源于亚洲文化中对信任和长期合作的重视。在许多亚洲国家，企业在达成协议前通常会进行多轮谈判和正式的礼节性会晤，以便各方了解彼此的需求和期望，从而建立稳固的合作基础。在这个过程中，耐心和礼貌至关重要，任何急躁的表现都可能被视为不尊重。相比之下，在西方国家，商业活动通常更注重效率和速度。所以，西方企业倾向于快速达成协议，强调明确的合同条款和快速的执行力。商业谈判更多基于数据和逻辑分析，决策过程较为直接，重视迅速获取结果，这反映了西方文化中对时间价值和高效工作的重视。为了在全球供应链管理中有效应对这些文化差异，企业需要培养员工的跨文化沟通能力，理解并尊重各地的文化差异。文化培训是关键，企业可以为员工提供文化培训，使他们了解不同国家的文化背景、商业惯例和沟通风格。通过培训，员工可以学会如何在不同文化背景下进行有效沟通，避免因文化误解导致的冲突和误会。语言是跨文化沟通的桥梁，企业可以鼓励和支持员工学习多种语言，尤其是那些与企业主要市场相关的语言，这不仅能提高沟通效率，还能增强与当地合作伙伴的信任和理解。在全球运营中，企业可以组建本地化团队，雇拥熟悉当地文化和商业环境的员工。这些本地员工能够提供文化指导，帮助跨国团队理解当地的商业惯例和社会规范，从而促进有效的沟通和合作。尊重和适应文化差异也是至关重要的，企业应鼓励员工尊重和适应文化差异，灵活调整沟通方式。例如，在与亚洲合作伙伴进行谈判时，企业可以展示耐心和礼貌，注重建立长期关系，而在与西方合作伙伴打交道时，企业可以强调透明度和高效决策。通过这种灵活适应，企业可以更好地满足不同文化背景下的合作需求。

企业可以建立内部的跨文化沟通平台，分享各地的文化知识和成功经验，促进全球员工之间的交流和学习。这种平台主要包括文化交流活动、案例分享、专题讨论等，帮助员工不断提升跨文化沟通能力。企业应根据不同市场的文化特点制定多样化的商业策略，例如，在亚洲市场可以注重关系营销和长期合作，而在西方市场则可以强调产品质量和快速响应。通过这种定制化的策略，企业可以更好地适应各地市场需求，提升全球竞争力。跨文化沟通是全球供应链管理中的重要挑战，企业需要通过文化培训、多语言能力、本地化团队、尊重文化差异、建立沟通平台和制定多样化策略等措施，培养员工的跨文化沟通能力，理解和尊重各地的文化差异，以建立有效的合作关系，确保全球运营的顺利进行。

（六）风险管理和应急响应

全球供应链的复杂性增加了风险管理的难度。地缘政治冲突、自然灾害、疫情等事件，都可能对供应链造成重大影响。因此，企业需要建立健全的风险管理和应急响应机制，以快速应对各种突发事件。

地缘政治冲突，例如贸易战、经济制裁或地区性冲突，可能会导致供应链中断、成本增加或供应商失去市场准入。这类事件需要企业密切关注国际政治局势，评估潜在风险，并制定应急预案。例如，当某国对进口商品实施高额关税时，企业可能需要迅速寻找新的供应商或调整供应渠道，以减少对该国的依赖。自然灾害如地震、洪水、飓风等，能够直接摧毁生产设施和运输线路，导致供应链中断。因此，企业必须具备高度的应急响应能力，建立多元化的供应链网络，避免过度依赖单一供应商或单一运输路线。通过与多家供应商建立合作关系，企业可以在某一供应链节点受灾时迅速切换到其他供应商，确保生产不受重大影响。疫情对全球供应链的影响尤为深远，疫情暴发期间，全球范围内的封锁措施导致工厂停工、物流中断，企业不得不迅速调整供应链策略。一些企业通过增加库存、扩展本地供应链、转向电子商务渠道等方式，来应对供应链的断裂和市场需求的快速变化。例如，部分企业将生产线转移到受影响较小的地区，或者与本地供应商合作，以减少跨国运输的风险。

为了应对这些复杂的风险，企业需要建立健全风险管理体系。需要进行全面的风险评估，识别供应链中各个环节的潜在风险，包括供应商的财务状况、地理位置和运营能力等。接着，制订详细的应急响应计划，确保在突发事件发生时能够迅速采取行动，包括启动备用供应商、调整生产计划、快速恢复物流等。信息技术在风险管理中也起到了关键作用。通过大数据分析、物联网（IoT）和区块链技术，企业可以实时监控供应链的运行状态，预测潜在风险，并迅速采取预防措施。例如，物联网传感器可以实时监控运输车辆的运行情况，提供货物的实时位置和状态，帮助企业及时发现运输中的异常情况。大数据分析可以帮助企业识别供应链中的薄弱环节，优化供应链策略，提升整体抗风险能力。建立强大的沟通和合作机制也是风险管理的重要组成部分。企业需要与供应商、客户和物流服务提供商建立紧密的合作关系，确保信息的及时传递和共享。在应对突发事件时，快速、透明的沟通可以帮助各方协调行动，共同应对挑战，以减少损失。

全球供应链的复杂性要求企业具备高度的风险管理和应急响应能力。通过全面的风险评估、多元化的供应链网络、先进的信息技术以及紧密的合作关系，企业可以有效应对地缘政治冲突、自然灾害和疫情等突发事件，确保供应链的稳定和持续运营。

（七）技术和数据管理

管理全球供应链需要先进的信息技术支持。实时数据监控、供应链可视化、大数据分析和人工智能等技术在全球供应链管理中发挥着重要作用。这些技术能够帮助企业提高供应链的透明度和响应速度，确保各个环节的信息流畅和及时。例如，实时数据监控通过物联网（IoT）设备和传感器，能够提供货物从生产到交付全过程的实时状态，让企业可以即时了解库存水平、运输状态和生产进度，快速响应任何异常情况。供应链可视化工具使企业能够在单一平台上查看整个供应链的运行情况，识别潜在的"瓶颈"和风险点，进行更有效的决策和调整。

大数据分析和人工智能进一步提升了供应链管理的精准性，并提高了工作效率。大数据分析能够处理和分析大量的历史数据和实时数据，帮助企业预测需求波动、优化库存管理和提高物流效率。人工智能则可以通过机器学习和智能算法，实现自动化的需求预测、供应链优化和风险管理。例如，AI系统可以根据市场趋势和历史数据预测未来的需求变化，自动调整采购和生产计划，避免库存过剩或短缺。随着这些技术的应用，企业对技术系统的依赖也显著增加。要实现和维持高效的全球供应链管理，企业就需要持续投资先进的信息技术，包括硬件设施、软件系统和网络安全。同时，技术的快速发展要求企业不断进行系统升级和维护，确保其技术架构能够支持日益复杂的供应链需求。数据安全和隐私保护也是一个重要的挑战，企业必须采取严格的安全措施，防止数据泄露和网络攻击。持续的技术投资和维护还包括培训员工，使其熟悉和掌握新技术的应用和操作。只有这样，企业才能充分发挥信息技术的潜力，提高供应链管理的效率和响应速度。此外，企业还需要建立灵活的技术架构，能够快速适应市场变化和技术进步，保持供应链的竞争优势。

先进的信息技术在全球供应链管理中发挥着不可或缺的作用，显著提高了供应链的透明度、响应速度和整体效率。然而，这也意味着企业必须进行持续的技术投资和维护，确保系统的可靠性和安全性，从而在激烈的全球市场竞争中保持领先地位。

（八）环境可持续性

全球化加剧了环境问题，企业在优化供应链时必须考虑环境影响。例如，长距离运输显著增加了碳排放，对环境造成不利影响。为了减少这种影响，企业需要采用更加环保的运输方式。例如，可以选择使用低排放的运输工具，如电动卡车和混合动力车辆，或者优化运输路线以减少空驶和运输时间。此外，海运虽然在单位货物的碳排放量上较低，但仍需通过使用低硫燃料和提高船舶能效来进一步减少排放。

在生产过程中，企业也需要采取措施减少污染物的排放。这包括采用清洁生产技术和环保材料，减少废水、废气和固体废弃物的产生。例如，使用可再生能源，如太阳能和风能，来替代传统的化石燃料，从而降低碳足迹。企业还可以通过改进工艺流程，提高资源利用效率，减少原材料的浪费和有害物质的使用。为了进一步减少环境影响，企业应实施循环经济理念，延长产品生命周期，促进资源的循环利用。例如，在产品设计阶段，考虑到产品的可拆卸性和可回收性，尽量使用可再生材料，减少使用难以回收的复合材料。在生产过程中，建立废弃物回收和再利用系统，将生产过程中产生的废料重新加工成原材料，减少对新资源的需求。企业在优化供应链时，还应注重供应商的环境绩效，选择那些有良好环保记录的供应商进行合作。通过建立绿色供应链，企业可以从源头上减少环境影响。例如，可以与供应商合作，共同开发环保技术和材料，推动整个供应链的绿色转型。遵守全球环境法规也是企业必须面对的现实。许多国家和地区已经制定了严格的环境法规和标准，要求企业在生产和运输过程中减少污染物排放。例如，欧盟的《排放交易系统》（ETS）要求高排放行业参与碳交易，企业需要通过购买碳配额来抵消其排放量。企业必须密切关注这些法规变化，并及时调整运营策略以确保合规。除了遵守法规，采取环保措施也是企业社会责任的一部分。通过积极减少环境影响，企业不仅可以提升其社会形象和品牌价值，还可以获得消费者和投资者的认可和支持。越来越多的消费者倾向于选择那些有良好环保记录的企业产品，而投资者也更愿意投资可持续发展的企业。为确保这些环保措施的有效实施，企业应建立完善的环境管理体系，进行定期的环境影响评估和审核。通过设定环境绩效目标，监测和报告环境绩效数据，企业可以持续改进其环境管理水平。

　　全球化加剧了环境问题，企业在优化供应链时必须全面考虑环境影响，采取多种措施减少碳排放和污染物排放。这不仅是企业履行社会责任的重要体现，也是应对全球环境法规要求的必要措施。通过采用环保的运输方式、清洁生产技术、循环经济理念以及选择绿色供应商，企业可以实现供应链的可持续发展，增强其在全球市场中的竞争力。

　　跨国供应链为企业提供了降低成本和提高竞争力的机会，但也显著增加了物流网络的复杂性。因此，企业需要具备出色的协调能力、合规管理、跨文化沟通和风险管理能力，同时依靠先进的技术手段和可持续发展策略，这样才能在全球化的背景下高效运营。通过优化各个环节的操作流程、确保合规和风险管理的落实、促进跨文化团队的有效协作以及应用最新的科技工具，企业可以在复杂多变的国际市场中保持灵活性和竞争优势。此外，注重环保和可持续发展的运营模式，能够进一步提升企业的社会责任形象，满足全球市场对环保的需求，确保长期稳定的增长和成功。

二、物流基础设施

不同国家的物流基础设施水平差异很大，全球化要求企业在选择运输路线和物流服务提供商时，考虑各地的基础设施条件，以确保运输的可靠性和效率。这种差异不仅影响运输时间和成本，还直接关系货物的安全和供应链的连续性。

（一）基础设施差异的影响

各国的物流基础设施包括港口、机场、铁路、公路和仓储设施等，这些基础设施的发达程度和维护水平直接影响物流的效率和可靠性。例如，发达国家通常拥有先进的港口设施，这些港口配备了现代化的装卸设备、自动化的货物处理系统和高效的管理流程。这样的港口能够快速处理大量货物，从而减少船只在港口的等待时间和装卸时间，极大地提高了物流效率。此外，发达国家通常拥有广泛而完善的交通网络，包括四通八达的高速公路系统、密集的铁路网和繁忙的航空货运枢纽。这些交通网络能够确保货物在国内和国际快速运输，减少运输时间和延误风险。

机场物流基础设施的关键组成部分，发达国家的机场通常具有高效的货物处理能力和完善的地面运输连接。例如，主要国际机场设有专门的货运终端，配备先进的物流设备和自动化系统，能够迅速处理大量空运货物。机场与公路和铁路网络的无缝连接，使得货物可以迅速从机场转运到最终目的地。这样的高效物流基础设施能够确保货物在短时间内完成长距离运输，满足全球化市场的快速反应需求。相比之下，发展中国家或欠发达地区可能缺乏完善的物流基础设施。许多港口设备陈旧，装卸效率低下，导致船只在港口的等待时间较长，增加了运输时间和成本。道路条件差、维护不足也是一个常见问题，许多公路路况不佳，交通堵塞严重，特别是在雨季或极端天气条件下，运输车辆的行驶速度大大降低，甚至可能中断运输。铁路覆盖范围有限也是一个挑战，许多发展中国家的铁路网络不够密集，线路老化，运输能力有限，难以满足大规模物流需求。仓储设施的差异也影响物流效率和可靠性。在发达国家，仓储设施通常配备了先进的库存管理系统、自动化设备和温控设备，能够高效地存储和管理各种类型的货物，确保货物的安全和质量。而在发展中国家，仓储设施往往较为简陋，缺乏现代化设备，库存管理效率低下，容易出现货物损坏、丢失或变质等问题，增加了物流风险和成本。

这些基础设施差异对企业的全球供应链管理提出了挑战。企业在规划物流网络时，需要仔细评估各国的基础设施状况，选择合适的运输路线和物流服务提供商。例如，在基础设施较差的地区，企业可能需要增加运输时间的缓冲，选择可靠的本地物流合作伙伴，或者考虑建立区域性的分销中心，以减少长距离运输的依赖。另外，企业还需要灵活应对基础设施不足带来的不确定性，并提前制定应急预案，确保供应链的连续性和可靠性。各国的物流基础设施水平差异巨大，直接影响到物流的效率和可靠性。企业在全球化运营中，必须充分考虑这些差异，灵活调整物流策略，确保供应链的高效运转和竞争优势。通过优化运输路线、选择可靠的物流服务提供商、建立弹性供应链和采用先进技术，企业可以有效应对基础设施不足带来的挑战，实现全球市场中的稳健运营。

（二）运输方式的选择

企业在选择运输方式时必须综合考虑各地的基础设施条件。对于大宗货物的长距离运输，海运是一个成本效益较高的选择，但前提是出发港和目的港都具备良好的港口设施和高效的货物处理能力。如果某个港口的处理能力有限或经常拥堵，企业可能需要考虑其他运输方式，如空运或铁路运输。空运虽然速度快，但受限于机场设施和航班频次，并且成本较高，适合高价值或时间敏感的货物。铁路运输在陆地长距离运输中具有优势，但需要铁路网络覆盖广泛且维护良好。企业还必须考虑运输路线的可靠性、运输工具的可用性和各地的法规要求，以确保货物能够顺利、准时到达目的地。灵活运用多式联运的方式，将不同运输方式有机结合，可以优化物流成本和时间，提高整体供应链的效率和稳定性。例如，企业可以选择海运将货物运至基础设施完善的港口，再通过铁路或公路进行区域分发，从而在控制成本的同时保证运输效率。

（三）多式联运的整合

为了应对不同地区基础设施差异，企业可以采用多式联运的方式，将海运、空运、铁路和公路运输有机结合。多式联运不仅能利用不同运输方式的优势，还能提高运输的灵活性和可靠性。例如，企业可以先通过海运将货物运至基础设施良好的港口。这种方式利用了海运的成本效益和大宗货物运输能力，使得企业能够以较低的成本将大量货物运送到目标区域。

在货物抵达港口后，企业可以通过铁路或公路将货物运至最终目的地。铁路运输在陆地长距离运输中具有优势，特别是在连接主要城市和工业中心时。铁路网络的覆盖广泛且维护良好，可以确保货物在长距离运输中的安全和准时到达。如果铁路网络覆盖不足或不具备条件，企业可以选择公路运输，公路运输灵活性高，能够直接将货物从港口运送到具体的目的地，即使是偏远地区也能覆盖。这种多式联运方式可以显著降低单一运输方式的局限性，并提高物流效率。例如，通过将海运与铁路运输相结合，企业能够避开港口拥堵问题，确保货物在港口卸货后迅速转运，减少停留时间和潜在的延误。公路运输的灵活性可以弥补铁路运输线路覆盖不足的短板，确保货物能够无缝转移到最终用户手中。多式联运还可以提高运输的可靠性。通过将不同运输方式的优势结合，企业可以在运输中途出现问题时灵活切换运输方式。例如，如果铁路运输线路因维护或突发事件中断，企业可以迅速转向公路运输，确保供应链不中断。多式联运还可以优化物流成本，通过合理选择各运输方式的组合，企业可以在满足运输时间要求的同时控制物流成本。例如，企业可以选择海运将低价值、大批量的货物运输到离市场较近的港口，然后通过成本较低的铁路运输将货物分发到各个地区。采用多式联运的方式还需要企业具备较强的协调和管理能力。企业需要与不同的物流服务提供商紧密合作，确保各运输环节的无缝衔接。利用先进的信息技术和供应链管理系统，企业可以实时跟踪货物的运输状态，及时调整运输计划，提高整个物流过程的透明度和效率。

通过采用多式联运的方式，企业可以有效应对不同地区基础设施差异，充分利用各运输方式的优势，提高运输的灵活性和可靠性，优化物流成本和效率。这种综合运输策略不仅能满足全球市场对高效物流的需求，还能增强企业在全球供应链中的竞争力。

（四）物流服务提供商的选择

选择合适的物流服务提供商是企业确保供应链高效运营的关键。企业需要评估物流服务提供商的网络覆盖范围、服务能力和信誉度，确保其能够在不同地区提供高质量的物流服务。优质的物流服务提供商通常拥有完善的基础设施网络和丰富的操作经验，能够有效应对各种突发情况，确保货物安全准时到达。例如，知名的国际物流公司DHL、UPS和FedEx，在全球范围内拥有广泛的物流网络和先进的技术支持，能够提供高效、可靠的物流服务。这些大型物流公司具备强大的全球网络覆盖能力，几乎能够在任何国家和地区提供物流服务，这对于跨国企业至关重要。这些公司还拥有先进的技术平台，如运输管理系统（TMS）、仓储管理系统（WMS）和供应链可视化工具，能够实时监控货物的运输状态，优化运输路线，确保货物按时交付。利用这些技术，企业可以提高物流的透明度和可控性，快速响应客户需求和市场变化。优质物流服务提供商还具备丰富的操作经验和应急处理能力，能够在面对突发事件时迅速采取有效措施。例如，在自然灾害、政治动荡或疫情暴发等情况下，这些公司能够快速调整运输计划，提供替代运输方案，确保供应链的连续性和稳定性。这种灵活应变能力对于全球供应链管理中的风险控制至关重要。选择信誉良好的物流服务提供商还可以提高企业的品牌形象和客户满意度。高质量的物流服务不仅保证了货物的安全和准时交付，还能够提供优质的客户服务，如及时的货物跟踪信息和专业的售后支持。客户在与企业合作过程中感受到的良好物流体验，能够增强对企业的信任和忠诚度，从而促进长期合作关系的发展。在选择物流服务提供商时，企业还应考虑其在环保和可持续发展方面的表现。越来越多的企业和消费者关注物流过程中的环境影响，优质的物流服务提供商通常会采取多种措施减少碳排放和污染，如使用环保运输工具、优化运输路线和减少包装材料等。选择这样的合作伙伴，不仅有助于企业履行社会责任，还能提升企业的市场竞争力和社会形象。选择合适的物流服务提供商是确保全球供应链高效、可靠运营的关键。通过评估物流服务提供商的网络覆盖范围、服务能力和信誉度，企业可以找到最合适的合作伙伴，利用其先进的技术平台和丰富的操作经验，提供高质量的物流服务，提升供应链的整体效益和客户满意度。关注物流服务提供商在环保和可持续发展方面的表现，有助于企业实现绿色供应链管理，增强市场竞争力和社会影响力。

（五）供应链的弹性和灵活性

企业需要建立弹性和灵活性较高的供应链，以应对基础设施条件的不确定性。这包括建立多元化的供应链网络，避免对单一运输路线或物流服务提供商的过度依赖。通过这种多元化策略，当某个运输路线出现问题时，企业可以迅速切换到备用路线或其他服务提供商，确保供应链的连续性和稳定性。例如，如果某条主要的海运航线因港口拥堵或天气原因无法使用，企业可以转而使用铁路或空运来完成运输任务。这样可以有效减少物流中断对企业运营的影响。

不同国家的物流基础设施水平差异很大，企业在选择运输路线和物流服务提供商时，必须充分考虑各地的基础设施条件，以确保运输的可靠性和效率。在基础设施较为完善的国家，企业可以利用高效的港口、铁路和公路网络，选择成本效益较高的运输方式。而在基础设施欠发达的地区，企业则需要更加灵活地调整运输策略，选择具有强大应急处理能力和丰富的本地运输经验的物流服务提供商，以应对各种可能出现的运输挑战。通过采用多式联运，企业可以将海运、空运、铁路和公路运输有机结合，充分利用不同运输方式的优势，提高物流效率。例如，企业可以通过海运将大宗货物运至基础设施良好的港口，然后通过铁路或公路将货物运至最终目的地。多式联运能够显著提高运输的灵活性和可靠性，降低单一运输方式的局限性，确保货物安全准时到达。另外，选择优质的物流服务提供商也是关键。企业需要评估物流服务提供商的网络覆盖范围、服务能力和信誉度，确保其能够在不同地区提供高质量的物流服务。优质的物流服务提供商通常拥有完善的基础设施网络和丰富的操作经验，能够有效应对各种突发情况。例如，知名的国际物流公司DHL、UPS和FedEx，在全球范围内拥有广泛的物流网络和先进的技术支持，能够提供高效、可靠的物流服务，确保货物安全准时到达。

建立弹性供应链还需要企业利用先进的信息技术支持。通过使用运输管理系统（TMS）、供应链管理（SCM）系统和全球定位系统（GPS），企业可以实时监控运输过程中的每一个环节，快速识别和发现潜在的问题。例如，TMS可以帮助企业优化运输路线，减少运输时间和成本；SCM系统可以提供全供应链的可视化，使企业能够更好地协调各个环节的操作；GPS则可以实时追踪货物位置，确保货物安全。企业在优化供应链时还需要考虑环境因素。全球化加剧了环境问题，企业在优化供应链时必须采用更加环保的运输方式，并在生产过程中减少污染物的排放。例如，选择使用低排放的运输工具，优化运输路线以减少碳足迹，并在可能的情况下使用可再生能源。这不仅有助于企业履行社会责任，还能提升企业的市场竞争力和社会形象。通过建立多元化的供应链网络、采用多式联运、选择优质物流服务提供商、利用先进技术支持和考虑环境因素，企业可以在全球市场中实现高效运营，确保供应链的稳定性和可持续发展。这种综合策略不仅能够提高供应链的灵活性和抗风险能力，还能提升企业的整体竞争力，确保在全球化的背景下持续稳健地运营。

三、人才和专业知识

全球化的物流网络需要具备国际视野和多元文化背景的专业人才，这些人才需要具备跨国物流管理的专业知识和技能，以应对全球化带来的复杂挑战。在当今全球化背景下，企业的供应链覆盖多个国家和地区，物流网络的管理变得更加复杂和多变。因此，专业人才在这一过程中扮演着至关重要的角色。

（一）国际视野的重要性

具有国际视野的专业人才能够理解和分析全球市场的动态变化，制订符合企业战略的全球物流计划。例如，这些人才需要对各国的贸易政策有深入的了解，因为每个国家的政策都会直接影响进出口活动。了解这些政策，专业人才可以帮助企业在选择贸易伙伴和目标市场时做出最优决策，避免潜在的法律风险和经济风险。

关税法规的复杂性和多变性也要求专业人才具备详细的知识和灵活应对的能力。各国对不同商品的关税税率各异，且关税政策可能会随国际关系和经济状况的变化而调整。专业人才必须密切关注这些变化，及时调整企业的供应链策略。例如，如果某个国家对某类产品增加关税，企业需要迅速评估其对成本的影响，并考虑是否需要重新选择供应商或转移生产基地。进出口程序也是全球物流管理中的一个关键环节。不同国家的进出口程序和要求各不相同，这主要涉及文件准备、清关手续、检验检疫等多个方面。具有国际视野的专业人才需要熟悉这些程序，确保货物能够顺利通关，避免延误和罚款。例如，在进出口过程中，他们需要准备并审核各类文件，如原产地证书、商业发票、装箱单等，确保所有信息准确无误。物流基础设施状况也是制订全球物流计划的重要考虑因素。各国的港口、机场、铁路和公路网络的发达程度差异很大，直接影响运输时间和成本。具有国际视野的专业人才需要评估这些基础设施条件，选择最合适的运输方式和路线。例如，对于大宗货物的长距离运输，海运可能是最具成本效益的选择，但前提是出发港和目的港都具备良好的设施和高效的货物处理能力。国际视野还要求专业人才能够预测和应对地缘政治变化、经济波动和自然灾害等外部因素对物流网络的影响。地缘政治变化（如贸易战、制裁、政治动荡等）可能导致供应链中断或成本增加。专业人才需要密切关注国际政治形势，制定应急预案，确保供应链的连续性和稳定性。例如，如果某一重要供应国出现政治不稳定，他们需要迅速评估替代供应商的可行性，并确保供应链不中断。

经济波动（如汇率波动、通货膨胀、经济衰退等）也会对物流成本和市场需求产生影响。具有国际视野的专业人才需要分析全球经济趋势，调整供应链策略，以应对市场变化。例如，在经济衰退时期，企业可能需要缩减库存，优化成本控制，而在经济复苏时期，则需要加快供应链响应速度，以满足市场需求增长。自然灾害（如地震、洪水、飓风等）可能对物流基础设施和供应链造成严重破坏。具有国际视野的专业人才需要制订详细的风险管理和应急响应计划，确保在突发事件发生时能够迅速采取行动，保障供应链的稳定性。例如，他们可以建立多元化的供应链网络，避免对单一供应商或运输路线的过度依赖，确保在某一节点受灾时能够迅速切换到其他节点。

具有国际视野的专业人才能够理解和分析全球市场的动态变化，制订符合企业战略的全球物流计划。他们需要了解各国的贸易政策、关税法规、进出口程序和物流基础设施状况，能够预测和应对地缘政治变化、经济波动和自然灾害等外部因素对物流网络的影响，从而确保供应链的稳定性和连续性。这种能力对于企业在全球市场中保持竞争力和实现可持续发展至关重要。

（二）多元文化背景的优势

拥有多元文化背景的专业人才能够跨越文化差异，促进企业在不同国家和地区的顺利运营。这些人才熟悉不同文化的商业惯例和沟通方式，能够有效地与国际供应商、客户和合作伙伴进行交流。例如，在亚洲国家，商业决策往往需要较长时间的磋商来建立关系，这种做法源于亚洲文化中对信任和长期合作的重视。因此，专业人才在亚洲市场上运作时，需要表现出耐心和礼貌，并注重建立和维护人际关系，以赢得对方的信任和合作意愿。而在西方国家，商业活动通常更注重效率和结果，企业决策过程更为直接和迅速，专业人才在与西方伙伴合作时，需要以数据和逻辑为基础，快速达成协议，并注重合同条款的明确和执行。

具有多元文化背景的专业人才能够灵活调整沟通策略，根据不同文化背景选择最合适的交流方式和谈判策略，确保跨文化合作的顺畅进行。例如，在与日本客户合作时，专业人才需要注重形式上的尊重和礼节，如交换名片时双手递接，会议开始前简短寒暄，以及在谈判过程中避免直接反对对方的观点。而在与美国客户合作时，则可以直截了当、开诚布公地讨论问题，迅速进入主题，重视效率和实质性成果。这些专业人才能够识别并避免文化冲突和误解，促进多方的有效合作。例如，在某些文化中，直接表达不满或拒绝被视为不礼貌，专业人才需要通过委婉的方式表达意见，以避免破坏关系。而在其他文化中，直言不讳被视为坦率和诚实，专业人才需要相应地调整沟通方式，以符合当地的期望和习惯。具有多元文化背景的专业人才还具备语言能力，他们能够用多种语言进行沟通，减少语言障碍带来的误解和沟通成本。例如，他们可以用当地语言与供应商和客户交流，使对方感受到被尊重和重视，从而增强合作的信任和紧密度。

多元文化背景的专业人才能够跨越文化差异，促进企业在不同国家和地区的顺利运营。他们熟悉不同文化的商业惯例和沟通方式，能够灵活调整沟通策略，确保顺畅的跨文化合作，通过适应和尊重各地文化习俗，建立和维护良好的国际关系，提升企业在全球市场中的竞争力和影响力。

（三）跨国物流管理的专业知识和技能

1.跨国物流管理需要专业的知识和技能

（1）物流网络设计和优化

专业人才需要具备设计和优化全球物流网络的能力，包括选择合适的运输方式、规划最佳运输路线、优化库存管理和配置仓储设施等。他们需要综合考虑成本、时间、风险和环境影响等因素，制定高效的物流解决方案。例如，专业人才在选择运输方式时，会评估海运、空运、铁路和公路运输的成本效益和时间要求，以找到最适合的组合。他们还需要规划最佳运输路线，利用多式联运减少单一运输方式的局限性，确保货物安全准时到达。专业人才必须优化库存管理，通过预测市场需求和调节库存水平，减少库存过剩和短缺现象，降低库存成本。另外，他们还需要配置合适的仓储设施，确保仓储地点和容量能够满足市场需求，同时考虑环境因素，采用绿色物流策略，减少碳排放和环境影响。这种全面的能力使专业人才能够制定并实施高效、可靠和可持续的物流解决方案，以提升企业的竞争力，提高企业的运营效率。

（2）法规和合规管理

各国的法规和合规要求各不相同，专业人才需要了解并遵守这些法规，确保物流过程的合法性和合规性。例如，他们需要熟悉各国的进出口法规、关税政策、环保规定和安全标准，确保货物能够顺利通关，避免法律风险和延误。这包括详细了解和准备各类必要的文件，如原产地证书、商业发票和装箱单，确保所有信息准确无误。他们还需要密切关注关税政策的变化，及时调整供应链策略，以减少额外成本。此外，专业人才必须确保货物在生产、运输和存储过程中符合各国的环保和安全标准，采取措施降低环境影响和风险，通过全面的合规管理，保障全球物流网络的顺畅和高效运营。

（3）技术应用和数据分析

现代物流管理离不开先进的信息技术和数据分析工具。专业人才需要熟练掌握物流管理系统（如TMS和SCM）、全球定位系统（GPS）和供应链可视化工具，通过实时数据监控和大数据分析，提高物流透明度和响应速度。例如，他们可以利用数据分析预测需求波动，优化库存管理，提高物流效率。

（4）风险管理和应急响应

全球物流网络面临多种风险，主要包括自然灾害、政治动荡、经济波动和供应链中断等，因此专业人才需要具备风险识别和管理的能力。此外，企业还应制定详细的应急预案，确保在突发事件发生时能够迅速应对，以保障供应链的连续性和稳定性。例如，专业人才需要通过数据分析和情景模拟识别潜在风险，评估其对供应链的可能影响，并设计多种应对策略，包括建立备用供应商网络、增加库存缓冲、优化运输路线等。此外，他们必须制定全面的应急预案，明确责任分工和操作流程，定期进行演练和评估，以提高应急响应能力。在实际突发事件发生时，能够迅速调整运营计划，协调各方资源，确保物流网络的快速恢复和稳定运行。通过有效的风险管理，企业可以减少损失，维持运营连续性，提高供应链的抗风险能力。

2. 培养和发展专业人才

为了培养和发展具备国际视野和多元文化背景的专业人才，企业需要采取多种措施。

（1）国际化培训和教育

企业可以通过提供国际化培训和教育机会，帮助员工提升国际视野和跨文化沟通能力。例如，企业可以安排外派培训，让员工在不同国家和地区的分公司或合作伙伴处进行实地学习，深入了解当地的市场环境和商业惯例。同时，开展国际交流项目，让员工有机会与来自不同文化背景的同事进行交流与合作，分享各自的经验和见解。此外，企业还可以开设跨文化管理课程，教授员工如何在多元文化环境中有效沟通和管理团队。这些国际化培训和教育机会不仅能开阔员工的全球视野，还能提升他们在国际业务中的适应能力和竞争力，从而推动企业在全球市场中的成功运营。

（2）多样化团队建设

企业可以组建多样化的团队，聘用来自不同文化背景的员工，促进团队成员之间的文化交流和知识共享。这种多样化不仅能丰富团队的视角，还能结合不同的经验和技能，提升团队的整体能力和创新力，有助于更好地应对全球市场中的各种挑战和机会。

（3）职业发展和激励机制

企业可以建立完善的职业发展和激励机制，为具备跨国物流管理专业知识和技能的员工提供职业晋升和发展机会。这不仅能够激励员工不断提升专业能力和贡献度，还能增强员工的忠诚度和满意度。通过明确的晋升路径、持续的培训项目和绩效奖励，企业能够培养和保留高素质的物流管理人才，确保供应链的高效运作和企业的长远发展。

企业的物流网络需要具备国际视野和多元文化背景的专业人才，以应对复杂的全球挑战。通过培养和发展这些专业人才，企业可以优化物流网络，提高供应链的效率和可靠性，从而在激烈的国际竞争中保持领先地位。

物流网络设计与优化

物流网络设计与优化是企业供应链管理中的关键环节，涉及选择合适的运输方式、规划最佳运输路线、优化库存管理、配置仓储设施等方面。有效的物流网络设计与优化能够提高供应链效率、降低成本、提升客户满意度，从而增强企业在市场中的竞争力。

一、选择合适的运输方式

不同的运输方式有不同的优缺点。海运适用于大宗货物的长距离运输，成本较低，但速度较慢；空运速度快，但成本高，适合高价值或时间敏感的货物；铁路运输在陆地长距离运输中具有优势，但受限于铁路网络的覆盖范围；公路运输灵活性高，适合短距离和点对点运输。企业在设计物流网络时，需要综合考虑运输方式的成本、速度、可靠性等因素，选择最合适的运输方式或其组合，以实现最佳的运输效率和成本效益。

（一）海运

1. 优点

（1）成本低

海运是所有运输方式中单位成本最低的，特别适用于大宗货物的长距离运输。大批量货物通过海运运输能够显著降低单位运输成本，因为船舶的载重量大，且运营成本相对较低。利用海运，企业可以经济高效地将大量货物从一个大洲运送到另一个大洲，显著降低整体物流成本，从而提高全球供应链的竞争力和运营效率。

（2）运输能力强

海运船只的载重量大，能够运输大量货物，适合大规模的国际贸易。这种运输方式能够以较低的单位成本高效地运送大宗货物，如石油、矿石、农产品和工业原材料等，是跨洲际长距离运输的理想选择。海运的优势在于其经济性和规模效应，使企业能够在全球市场中以更具竞争力的价格进行大规模进出口，同时减少每单位货物的运输费用，从而优化整体供应链的成本效益。

2. 缺点：

（1）速度慢

海运速度较慢，从一个港口到另一个港口通常需要数周时间，受天气和海洋条件的影响较大。这意味着货物在运输过程中可能会经历较长的等待时间，尤其是在遇到恶劣天气、海浪、风暴等自然因素时，航行速度会进一步减慢，甚至可能导致海运延误或改道。港口的拥堵和卸货效率也会影响海运的整体时间表，使得海运相比其他运输方式在时间上的不确定性更高。虽然海运在成本和载重方面具有显著优势，但在速度和时间可靠性方面存在一定的劣势，因此，企业在规划物流网络时需要综合考虑这些因素，确保在满足成本效益的同时不影响供应链的及时性和稳定性。

（2）时间不确定性

由于船期较长且易受天气和港口拥堵的影响，海运的运输时间存在较大的不确定性。恶劣天气条件（如风暴和海浪）会导致航行速度减慢，甚至迫使船只改道或停航，而港口的拥堵和装卸效率低下则可能导致货物在港口停留时间延长。这些因素综合作用，使得海运相比其他运输方式在时间上的可靠性较低，增加了企业在供应链管理中的复杂性和风险。企业必须在规划物流策略时，充分考虑这些不确定性，制订备用计划和时间缓冲，以确保供应链的连续性和稳定性。

3. 应用场景

（1）大宗货物

海运适用于石油、矿石、农产品等大宗货物的运输，因为它能够以较低的单位成本运送大量货物。海运船只的巨大载重量使其能够承载数万吨的货物，对于体积大、重量大的商品尤其经济高效。海运可以连接全球各大洲的主要港口，使得这些大宗货物能够在全球范围内进行贸易和流通。虽然海运速度较慢，但对于非紧急且数量庞大的货物来说，海运的成本优势和运输能力使其成为最佳选择。

（2）长距离国际贸易

海运适用于需要从一个大洲运输到另一个大洲的长距离国际贸易。其巨大载重量和较低的单位运输成本，使其成为运输大宗货物的理想选择。尽管海运速度较慢，但对于非紧急货物来说，海运在经济性和规模效应方面具有显著优势，能够高效地支持全球范围内的大规模进出口活动。

（二）空运

1. 优点

（1）速度快

空运是最快的运输方式，适合需要快速交付的货物。它能在几天内将货物送达目的地，比其他运输方式大大缩短了运输时间。由于其速度优势，空运特别适用于高价值、时间敏感的货物，如电子产品、生鲜食品和紧急医疗用品。尽管空运成本较高，但对于那些需要迅速到达市场或客户手中的货物而言，空运则可以提供无与伦比的时效性和可靠性，确保企业能够及时满足市场需求和客户期望。

（2）高安全性

空运的安全性较高，货物损坏和丢失的风险较低。这是因为空运通常涉及严格的安检程序和高标准的货物处理流程。在机场，货物经过多层次的安全检查，确保没有危险品或违禁品登机，减少了安全隐患。航空公司和机场的货物装卸设施和操作规范也相对先进，专业人员的高效管理和操作进一步降低了货物损坏的风险。空运的运输时间较短，货物在运输途中的暴露时间减少，降低了被盗或遗失的可能性。基于这些因素，空运成为高价值货物和重要文件运输的首选，提供了高度的安全保障和客户满意度。

2. 缺点

（1）成本高

空运的运输成本较高，因此不适合低价值或大批量货物的运输。空运费用通常按重量和体积计算，高昂的运输成本会显著增加低价值货物的总成本，削弱其经济性。对于大批量货物来说，空运的空间有限，难以承载大量货物，且运输费用高昂，使得成本效益较低。因此，空运主要用于高价值、时间敏感的小批量货物，而对于低价值或大批量货物，企业通常选择更具成本效益的运输方式，如海运或铁路运输。

（2）空间有限

飞机的货舱空间有限，不适合超大或超重货物的运输。航空货舱的尺寸和承重能力都有严格的限制，超大或超重货物不仅难以装载，还可能超出飞机的安全载荷标准。装卸超大或超重货物也存在操作上的困难和安全隐患。因此，对于体积巨大或重量超标的货物，企业通常选择其他运输方式，如海运或铁路运输，这些方式能够提供更大的空间和更强的承载能力，更适合运输超大或超重的货物。

3. 应用场景

（1）高价值货物

空运适用于如电子产品、奢侈品等高价值货物，这类货物因其高价值和时间敏感性，空运能够为其提供快速、安全的运输服务，确保将货物及时送达目的地，减少在途风险。

（2）时间敏感货物

空运适用于如医药品、生鲜食品等需要快速交付的货物。这类货物对运输时间要求极高，空运能够提供迅速且可靠的服务，通常在几天内即可送达目的地。空运还具备高标准的温控和安全措施，使药品和生鲜食品在运输过程中的质量和安全得到保障，从而满足市场和消费者对时效性和品质的严格要求。

（三）铁路运输

1. 优点

（1）适中速度和成本

铁路运输在速度和成本之间提供了一个平衡，适用于中长距离的货物运输。相比于公路运输，铁路运输的成本相对较低，特别是在大宗货物和长距离运输中更具经济性。铁路运输比海运和公路运输速度更快，特别是在陆地长距离运输中具有明显优势。铁路网络覆盖广泛且维护良好，可以提供相对稳定和可靠的运输服务。铁路运输的环保性也较高，碳排放量显著低于公路和航空运输，适合注重可持续发展的企业。铁路运输的载重量较大，可以一次性运输大量货物，减少了多次运输的需求，提高了物流效率。企业在规划物流网络时，可以利用铁路运输的这些优势，优化运输成本和时间，确保将货物及时、安全地送达目的地。

（2）环境友好

相比公路和空运，铁路运输的碳排放较低，是一种较为环保的运输方式。铁路运输每吨公里的碳排放量显著低于公路和空运，因为火车的能效更高，且铁路运输通常依赖电力或高效燃料驱动，减少了化石燃料的消耗。作为一种可持续的运输选择，铁路运输有助于降低企业的碳足迹，满足日益严格的环保法规和社会责任要求。铁路运输还能够减少道路拥堵和相关的环境污染，进一步促进环境保护和资源节约。因此，在需要中长距离运输时，铁路运输不仅在成本和速度方面提供了平衡，还在环保方面具备显著优势。

2. 缺点

（1）网络覆盖限制

铁路网络覆盖范围有限，不是所有地区都能直接通过铁路连接，特别是在一些欠发达地区。这种局限性意味着铁路运输无法为所有货运需求提供服务，特别是在偏远或基础设施欠发达的地区，这些地方可能缺乏必要的铁路线路和设施。其结果是，企业在这些区域可能需要依赖公路或其他运输方式来完成"最后一公里"的运输。铁路运输的固定线路和班次也限制了其灵活性，无法像公路运输那样提供门到门的服务。因此，尽管铁路运输在速度、成本和环保方面具有优势，但其覆盖范围和灵活性方面的不足需要通过多式联运等综合物流策略来弥补，以确保供应链的连续性和高效性。

（2）灵活性低

铁路运输的路线固定，灵活性较低。这意味着火车只能沿着预定的铁路线路运行，无法像公路运输那样提供灵活的门到门服务。由于铁路运输依赖于既定的轨道和班次，调整运输路线和时间表的能力有限，无法迅速响应突发需求或改变运输计划。因此，尽管铁路运输在成本、速度和环保方面具备优势，但其灵活性不足可能限制其在需要高度定制化和即时响应的物流场景中的应用。企业在利用铁路运输时，通常需要结合其他运输方式，如公路运输，以实现更全面和灵活的物流解决方案。

3. 应用场景

（1）长距离陆路运输：铁路运输适用于大洲内部的长距离货物运输，如欧洲和中国之间的货物运输。这种运输方式在成本和速度之间提供了良好的平衡，能够在相对短的时间内高效地运输大宗货物。铁路运输还具有较低的碳排放，是一种环保的运输方式。尽管其灵活性较低，路线固定，但对于需要在大洲内进行大规模、长距离运输的企业而言，铁路运输是一个可靠且经济的选择。

（2）大宗货物：铁路运输适用于如煤炭、钢铁、汽车等大宗货物的运输。其高载重能力和经济性使其成为大规模、长距离运输的理想选择，同时提供较低的运输成本和碳排放，适合大量货物在大洲内部的高效流通。

（四）公路运输

1. 优点

（1）灵活性高

公路运输的路线灵活，可以实现门到门的运输服务，适合各种运输需求。这种灵活性使得公路运输能够覆盖从生产地到最终目的地的整个运输过程，尤其适用于短距离运输和需要直接交付的货物。公路运输能够迅速响应市场变化和客户需求，提供高效且便捷的物流解决方案。

（2）快速响应

公路运输适合短距离和紧急运输需求，可以快速响应市场变化。其灵活的路线选择和门到门服务使得货物能够迅速从发货地点运送到目的地，满足客户对快速交付的要求，特别是在时间敏感的情况下，提供了高效且可靠的物流解决方案。

2. 缺点

（1）受天气和交通影响大

公路运输易受天气和交通状况的影响，导致运输时间不稳定。恶劣天气（如暴雨、雪灾和大风）会使道路难以通行或封闭，延误运输时间。交通拥堵、道路施工和事故也会造成运输延迟，增加物流的不确定性。这种不稳定性对时间敏感的货物运输构成挑战，要求企业在规划运输时考虑这些风险，制定应急预案，以确保供应链的连续性和可靠性。

（2）运输成本较高

相对于铁路和海运，公路运输的成本较高，特别是长距离运输时。这主要是因为公路运输的燃料消耗和车辆维护成本较高，每辆卡车的载重量和续航能力有限，需要中途频繁地加油和维护。公路运输涉及的人工成本也较高，司机的工资和其他相关费用显著增加了运输成本。在长距离运输中，这些费用会随着距离的增加而累积，使得公路运输的总成本显著高于铁路运输和海运。因此，尽管公路运输在灵活性和便捷性方面具备优势，但在长距离运输中，其高成本使其不如铁路运输和海运经济。因此，企业在规划物流方案时，需要权衡这些成本因素，选择最适合的运输方式，以优化整体物流费用。

3. 应用场景

（1）短距离运输

公路运输适用于城市和城镇之间的短距离运输。其灵活的路线选择和高效的门到门服务，使得公路运输能够迅速、便捷地将货物从发货地点运送到目的地，满足区域内快速交付的需求。这种方式特别适合频繁的小批量运输，确保供应链的灵活性和响应速度。

（2）点对点运输

公路运输适用于需要从一个具体地点直接运输到另一个具体地点的货

物，如从工厂到客户的运输。其最大的优势在于能够提供高效的门到门服务，减少了中转环节，直接将货物送达最终目的地。这种运输方式特别适合定制化需求和小批量货物的快速交付，确保能够及时将产品送达客户手中。公路运输的灵活性使其能够适应各种地理和物流条件，无论是城市内的短距离配送，还是乡村和偏远地区的运输，都能提供可靠的服务。公路运输还能迅速响应市场变化和紧急订单需求，确保供应链的连续性和客户满意度。

（五）综合考虑和多式联运

企业在设计物流网络时，需要综合考虑各种运输方式的成本、速度、可靠性等因素，选择最合适的运输方式或其组合，以实现最佳的运输效率和成本效益。对于大宗货物的长距离运输，企业可以选择海运加铁路的多式联运方式，将货物通过海运运至港口，再通过铁路运输到内陆目的地。这种组合利用了海运的低成本和大载重优势，以及铁路运输的较快速度和较低碳排放，有效降低了整体运输成本，同时确保货物能够高效、安全地抵达目的地。

对于高价值和时间敏感的货物，企业可以选择空运，并结合公路运输实现"最后一公里"配送。空运的快速性确保了货物能够在最短的时间内从一个国家或地区运送到另一个国家或地区，而公路运输的灵活性和门到门服务则确保了货物能够迅速从机场运送到最终客户手中。这种运输方式虽然成本较高，但对于需要快速交付的电子产品、奢侈品、医药品和生鲜食品等高价值货物来说，是确保客户满意度和市场竞争力的最佳选择。企业在设计物流网络时，还应考虑各运输方式的环境影响和可持续发展目标。例如，尽量选择低排放的运输方式，如铁路和海运，优化运输路线以减少碳足迹。企业可以通过先进的物流管理系统和数据分析工具，实时监控运输过程，动态调整物流策略，提高整体供应链的透明度和效率。企业在设计物流网络时，通过综合考虑成本、速度、可靠性和环境因素，选择最合适的运输方式或其组合，能够实现最佳的运输效率和成本效益，确保供应链的高效、可靠和可持续发展。多式联运不仅能够结合不同运输方式的优点，提高运输灵活性和可靠性，还可以降低运输成本。例如，企业可以选择将大批量货物通过海运运至基础设施完善的港口，再通过公路或铁路进行区域分发，从而在控制成本的同时保证运输效率。

不同运输方式的优缺点使得企业在设计物流网络时需要进行细致的规划和评估。通过综合考虑运输方式的成本、速度、可靠性等因素，并利用多式联运的方式，企业可以实现物流网络的优化，提高供应链的效率和效益，从而在全球市场中保持竞争优势。

二、规划最佳运输路线

运输路线的选择直接影响物流效率和成本。企业需要通过详细的路线规划，优化运输路径，减少运输时间和成本。例如，通过数据分析和优化算法，企业可以识别出最短路径、最少中转次数的运输路线，避免拥堵和不必要的绕行。考虑到潜在的风险因素如天气、政治动荡等，企业还应制定备用路线，以应对突发情况，确保运输的连续性和稳定性。

（一）数据分析和优化算法

企业可以利用数据分析和优化算法来识别最优的运输路径，这些技术能够处理大量的运输数据，包括历史运输时间、交通状况、成本和其他相关因素。通过对这些数据的深入分析，企业可以找到最短路径和最少中转次数的路线，从而最大限度地减少运输时间和成本。

1. 数据来源与收集

企业可以通过多种途径收集运输相关的数据，包括GPS设备、运输管理系统（TMS）、企业资源计划（ERP）系统和物联网（IoT）传感器等。GPS数据可以实时提供车辆的位置信息和行驶速度，交通模式分析工具可以记录不同时间段的交通流量和拥堵情况，ERP系统和TMS可以汇总运输历史数据和成本信息。这些数据为分析和优化运输路径提供了坚实的基础。

2. 数据分析与处理

利用收集到的数据，企业可以进行多维度的分析，显著优化运输路径。通过历史运输时间的数据，企业能够评估各条运输路径的平均用时和波动情况，找出运输时间最短且最稳定的路径。这种分析帮助企业识别出哪些路线在特定条件下表现最佳，减少不必要的延误。通过交通模式分析，企业可以识别出哪些路线在不同时间段最为畅通，避免高峰时段的交通拥堵。例如，利用交通数据，企业可以了解到某条主要道路在早晚高峰时段的拥堵情况，从而选择避开这些时间段或选择替代路线。这种方法不仅优化了运输时间，还降低了因拥堵导致的燃料消耗和运营成本。通过结合实时交通信息，企业还可以动态调整运输路线，应对突发的交通状况，确保货物能够高效、准时

挑战与机遇：现代物流管理

地到达目的地。这种数据驱动的决策模式，使得企业能够在复杂的物流环境中保持高效和灵活，提高整体供应链的响应速度和可靠性。

3. 优化算法的应用

优化算法在运输路径选择中起着至关重要的作用，能够帮助企业找到高效、经济的运输方案。常用的优化算法包括线性规划、整数规划、动态规划和遗传算法等。这些算法可以综合考虑多种因素，如距离、运输成本、中转次数、交通状况和车辆载重等，生成最优的运输方案。

优化算法通过综合考虑多种运输因素，能够帮助企业生成最优的运输方案。这些算法不仅提高了运输路径选择的科学性和效率，还显著降低了运输成本和时间。通过应用线性规划、动态规划、遗传算法等优化技术，企业能够在复杂多变的物流环境中保持竞争优势，实现高效、经济的物流运营。

4. 实时调整与动态优化

数据分析和优化算法不仅用于预先规划运输路线，还可以在运输过程中进行实时调整和动态优化。通过GPS数据和交通信息的实时监控，企业可以及时发现运输中的突发情况，如交通事故、道路封闭或极端天气等，并迅速调整运输路线。例如，当某条预订路线发生严重拥堵时，系统可以自动推荐备用路线，确保货物按时送达。

5. 成本效益分析

在选择最优运输路径时，企业需要综合考虑多种因素，其中包括运输成本和效益的平衡。优化算法在此过程中发挥关键作用，其可以帮助企业以最经济的方式完成货物运输，同时最大化运输效益。除直接的燃油费用、司机工资、过路费和仓储费用等成本外，算法还考虑到运输效益的多个方面，如节省运输时间、减少货物损坏风险以及提高客户满意度。通过优化算法的支持，企业能够比较不同运输路径的总成本，并选择最低成本的路径。例如，算法可以通过模拟和预测，评估不同路线在不同时间段的交通状况和天气影响，从而选择在整体运输成本最低的条件下，仍能保证货物按时送达的最优路径。这种综合考虑成本和效益的方法，使得企业能够在保持运营效率的同时提升整体物流管理水平。优化算法还能帮助企业规避潜在的风险和不必要的成本。通过实时监控和动态调整，企业可以在运输过程中及时应对交通拥堵、道路封闭或其他突发情况，减少延误和额外的运输成本。例如，在预测到高峰期的交通拥堵前，算法可以自动推荐备选路线，以避免影响运输时间和增加成本。

优化算法不仅能帮助企业在选择最优运输路径时降低成本，还能优化运输效益，提升客户满意度和竞争力。通过综合考虑多种因素并实时调整，企业能够有效应对复杂的物流挑战，确保货物安全、准时地到达目的地，从而在市场中保持领先地位。

6. 风险管理与备用路径

在制定运输路线时，企业必须考虑到多种潜在的风险因素，如天气变化、政治动荡、自然灾害等，这些因素可能对物流运输造成重大影响。为了应对这些突发情况，企业应该采取预防性措施，例如设计备用路线和采取安全性较高的运输方式。举例而言，在面对台风季节时，企业可以提前规划绕过潜在高风险区域的备用路线，确保货物在不受影响的情况下按时运抵目的地。对于政治不稳定地区，企业可以选择经过安全性较高的运输路径和方式，以减少运输过程中可能遇到的安全风险和延误。通过这些预防性措施，企业能够显著降低物流网络中的不确定性和风险，保障运输的连续性和稳定性。这种综合考虑风险因素并采取应对策略的方法，有助于企业在面对复杂的运输环境时保持高效运营和客户服务水平，进而提升竞争力和可持续发展能力。

利用数据分析和优化算法，企业能够精确地规划和执行最佳的运输路径。通过深入分析历史运输数据、实时交通状况和成本因素等关键信息，企业能够快速确定最优路径，以最小化运输时间和成本。实时监控系统能够及时发现并应对突发情况，保证货物按计划顺利送达。优化算法的应用使得企业能够在运输效率和经济性之间找到最佳平衡点，从而提升整体物流运作的效率和竞争力。这些技术手段不仅优化了企业的运营流程，还增强了其应对市场挑战和客户需求的能力。

（二）路线规划和适时调整

在确定最佳运输路线后，企业还需要进行详细的路线规划。这包括确定具体的运输节点、选择合适的中转仓库和配送中心以及安排运输工具和班次。企业可以利用运输管理系统（TMS）来协调和管理这些细节，以确保每一段运输都得到最优配置。TMS不仅可以帮助企业规划和优化运输路线，还能实时监控运输过程，及时发现和解决运输中的问题。例如，如果某条路线发生交通事故或其他突发事件，TMS可以立即建议替代路线，确保货物运输的连续性和稳定性。

（三）多式联运和灵活应对

在优化运输路径时，企业还可以考虑多式联运的方式，将不同运输方式结合使用。例如，企业可以通过海运将货物运至主要港口，再通过铁路或公路将货物运至内陆目的地。这种方式可以充分利用各运输方式的优势，提高运输效率和灵活性。多式联运还可以提供备用方案，例如，当某一运输方式受到影响时，迅速切换到其他方式，确保物流网络的连续性和稳定性。

运输路线的选择和优化是提高物流效率和降低成本的关键。通过详细的路线规划、数据分析和优化算法，企业可以找到最优的运输路径，减少运输时间和成本。考虑到潜在的风险因素，企业还需要制定备用路线，以应对突发情况，确保运输的连续性和稳定性。多式联运和环境可持续性考虑进一步增强了物流网络的灵活性和环保性。综合这些策略，企业可以实现高效、可靠和可持续的物流管理。

三、优化库存管理

库存管理是物流网络设计与优化的核心内容之一。企业需要根据市场需求预测和实际销售情况，合理安排库存水平，避免库存过剩或短缺。例如，通过实施先进的库存管理系统，企业可以实时监控库存状态，进行精准地补货和调拨，降低库存成本，提高资金利用效率。企业还可以采用智能仓储技术，如自动化仓储系统、机器人分拣系统等，提高仓储作业效率和准确性，进一步优化库存管理。

（一）市场需求预测和实际销售情况分析

通过分析市场趋势和历史销售数据，企业能够有效预测未来的市场需求，这是因为这些数据提供了宝贵的洞察力，帮助企业了解消费者的购买行为和偏好。市场趋势的分析可以揭示出产品或服务的需求变化趋势，例如季节性波动、长期趋势或突发事件对市场的影响。历史销售数据的详细分析使企业能够识别出产品或服务的销售高峰期和低谷期以及不同产品线或市场细分的表现差异，从而调整库存策略和生产计划，以最大限度地满足市场需求并避免库存过剩或短缺。这种基于数据分析的市场需求预测不仅提高了企业的市场敏感度，还提高了其决策的科学性和准确性，有助于优化供应链管理和运营效率。

实时监控和评估销售情况是企业进行有效库存管理的关键，通过及时获取和分析实际销售数据，企业能够及时了解市场需求的动态变化。这种实时监控使企业可以快速响应销售数据的变化，准确判断哪些产品需求增加或减少，从而进行相应的库存调整。例如，当某产品的销售量显著上升时，企业可以立即增加该产品的库存补货，确保货源充足，避免因缺货导致的销售损失。相反，当某产品的销售速度放缓时，企业可以及时减少补货，防止库存积压和资源浪费。这种基于实时销售数据的库存调整策略不仅能够避免库存过剩或短缺，还能优化库存周转率，降低库存持有成本，提高资金利用效率。实时监控和库存调整还提高了企业供应链的灵活性和响应速度，使企业能够更好地满足市场需求变化，提升客户满意度和市场竞争力。

（二）库存水平的合理安排

根据预测的市场需求和销售趋势，企业可以合理安排库存水平，确保供应链的高效运行。通过分析历史销售数据和市场趋势，企业能够预测未来的需求波动，从而制订科学的库存计划。合理安排库存水平不仅能确保在需求高峰期有充足的货源满足市场需求，避免因缺货造成的销售损失，还能在需求低谷期避免库存过剩，减少仓储成本和资金占用。这种基于预测的库存管理策略，不仅提高了库存周转率和资金利用效率，还增强了企业应对市场变化的灵活性和敏捷性，有助于提高整体运营效率和客户满意度。

利用库存管理系统进行库存优化，企业能够在最低成本下有效满足客户需求。这些系统通过集成实时数据分析、预测模型和自动化控制等功能，提供全面的库存监控和管理能力。库存管理系统能够精确记录库存水平、入库和出库情况，并根据市场需求预测和实际销售数据，智能调整补货和分配策略。例如，当系统检测到某一产品库存低于预设阈值时，会自动生成补货订单，以确保货源充足，避免缺货现象。系统还能优化库存布局，减少不必要的库存积压，降低仓储和持有成本。通过这些优化措施，企业不仅能够提高库存周转率和资金利用效率，还能及时响应客户需求，提升客户满意度和市场竞争力。整体而言，库存管理系统通过先进的技术手段，实现了库存管理的精细化和智能化，为企业提供了在动态市场环境中保持竞争优势的强大支持。

（三）先进的库存管理系统的应用

实施先进的库存管理系统，如ERP系统或专门的库存管理软件，企业可以实时监控库存状态。这些系统集成了实时数据分析和自动化控制功能，能够精确记录库存水平、入库和出库情况，并提供全面的库存监控和管理能力。通过这些系统，企业可以及时获取库存信息，迅速响应市场需求变化，进行精准的补货和分配策略调整，从而避免库存过剩或短缺。先进的库存管理系统还能够优化库存布局，减少仓储成本和资金占用，提高库存周转率和运营效率，确保在最低成本下满足客户需求，提升客户满意度和企业竞争力。

系统能够精确记录和跟踪库存流动，包括入库、出库、退货等操作，并进行全面的库存分析和预测。这些功能使企业能够实时了解每一项库存变动的详细情况，从而优化库存管理策略。例如，入库操作记录了新货品的到达情况，确保货物及时更新库存；出库操作跟踪每一件货物的出库时间和数量，避免库存短缺；退货记录则帮助企业管理和分析退货原因，提高产品和服务质量。通过库存分析，系统可以识别库存周转率、滞销商品、季节性需求变化等关键指标，为企业提供数据支持。预测功能利用历史销售数据和市场趋势，帮助企业预估未来需求，制订科学的补货计划，避免因库存不足导致的销售损失或因库存过剩导致的资源浪费。总体而言，先进的库存管理系统不仅提高了库存管理的精细化程度，还增强了企业的市场应变能力，并提高了其运营效率。

（四）智能仓储技术的应用

第一，引入智能仓储技术，如自动化仓储系统和机器人分拣系统，可以显著提高仓储作业效率和准确性。自动化仓储系统通过自动化的货物存放、提取和管理流程，减少了人为操作的错误和时间浪费，优化了仓储空间的利用率。机器人分拣系统利用先进的机器视觉和智能算法，能够快速、精确地完成货物的分拣和装运任务，降低了人工成本和分拣错误率。这些智能仓储技术不仅加速了订单处理速度，还提高了库存管理的精确度，确保企业能够及时、准确地满足客户需求，从而提高整体供应链的效率和竞争力。

第二，自动化仓储系统通过自动化的货物存放和提取，减少了人为操作的错误和时间浪费。自动化设备和智能控制系统确保货物快速、准确地存入和取出，提高了仓储作业的效率和精确度，优化了仓库空间的利用。这些系统减少了对人工的依赖，降低了劳动力成本和操作失误风险，提高了整体仓储管理的效能。

（五）优化成本和效益的平衡

1. 综合考虑运输成本、仓储费用、资金成本等因素，企业可以通过优化算法（如线性规划、整数规划）找到成本最低的库存管理策略。这些算法能够处理大量复杂数据，建立精确的数学模型来模拟不同库存管理方案的成本结构。通过求解这些模型，企业能够确定最优的库存水平和补货策略，从而在最低成本下满足客户需求。例如，线性规划可以帮助企业在满足服务水平要求的前提下，最小化库存持有成本和运输费用；整数规划则可以解决批量订购和运输载重等离散问题，优化库存布局和订单频率。通过这些优化算法，企业不仅能够降低总运营成本，还能提高库存周转率和资金利用效率，确保供应链的高效运作和市场响应速度，从而在激烈的市场竞争中占据优势地位。

2. 在优化库存管理策略时，必须考虑运输时间的节省、货物损坏风险的降低以及客户满意度的提高，以实现成本与效益的最佳平衡点。通过先进的优化算法，企业能够在保持高效物流运营的同时，确保货物安全及时地送达客户手中。例如，快速运输路径的选择不仅减少了运输时间，还降低了货物在途中的损坏风险，从而提升了客户的信任度和满意度。与此同时，优化库存管理还能有效减少不必要的库存持有成本和仓储费用，提高资金周转率。这种全面的优化方法不仅提升了供应链的整体效能，还增强了企业在市场中的竞争力，确保在复杂多变的市场环境中始终保持运营的灵活性和高效性。

四、配置仓储设施

仓储设施的选址和配置对物流网络的整体效率有着重要影响。企业需要综合考虑物流需求、运输便利性、运营成本等因素，合理配置仓储设施。例如，在物流需求高的地区设置区域性分拨中心，可以缩短配送距离，降低运输成本，提高配送效率。企业还应根据不同货物的特点，配置相应的仓储设备和环境，如冷链仓储、自动化立体仓库等，确保货物的安全和质量。

（一）物流需求评估

1. 需求分析：企业需要通过评估不同地区的物流需求量，以确定仓储设施的规模和分布。这一评估过程通常包括对市场调研、历史销售数据、客户分布以及未来需求预测等多方面的信息进行分析。在物流需求高的地区设置区域性分拨中心，可以显著缩短配送距离，从而大幅降低运输成本和时间。

这不仅使货物能够更快速地到达客户手中，提高了客户满意度，还减少了长途运输带来的燃油和人力成本。更近的配送距离也意味着更少的碳排放，有助于企业的环保目标。区域性分拨中心通过集中管理和分配货物，能够实现批量处理和规模效应，提高整体物流操作的效率。

例如，通过将大批量的货物从生产厂或主要仓库运送到区域分拨中心，再根据具体订单分发给各个客户，企业可以更有效地管理库存和运输资源。这种优化布局不仅提高了物流网络的反应速度和服务质量，还能在竞争激烈的市场环境中保持企业的优势地位。

2. 区域分拨中心：在战略性位置设置多个分拨中心，企业能够确保更广泛的市场覆盖，显著减少运输时间，并大幅提升客户满意度。通过精准选择分拨中心的地点，例如靠近主要交通枢纽或市场需求集中的区域，企业可以更迅速地响应客户订单，将货物更快地送达目的地。这样的布局不仅优化了运输路线，减少了长途运输的频率和相关成本，还提高了配送的可靠性和准时性。多个分拨中心的设立还增强了企业的灵活性，使其能够在面对突发需求变化或物流中断时，迅速调整和重新配置资源，确保供应链的连续性和稳定性。此外，这种战略布局还可以提高库存管理的效率，通过分散库存降低单一仓库的压力，减少库存持有成本和风险，从而实现更高的运营效率和客户满意度。在竞争激烈的市场环境中，战略性地设置分拨中心不仅有助于提升服务水平，还能增强企业的市场竞争力和可持续发展能力。

（二）运输便利性

1. 交通连接：选择靠近主要公路、铁路、港口和机场的地点，企业可以确保货物在仓储和运输之间实现快速转移。这样的地理优势显著减少了货物运输的时间和成本，提高了整体物流操作的效率和灵活性。良好的交通连接使得货物能够迅速进入和离开仓库，缩短运输时间，提高配送的准时性和可靠性。靠近多种交通方式的仓储设施能够灵活应对不同的运输需求，优化运输路线和方式，从而降低运营成本。这种战略性的选址不仅能提升客户满意度，还能增强企业在市场中的竞争力和适应性。

2. 枢纽选址：靠近港口的仓储设施适合大宗货物的进出口操作，因为港口具备处理大量货物的能力，能够高效地进行装卸和转运。港口仓储设施可以利用海运的低成本优势，尤其适用于石油、矿石、农产品等大宗货物。而靠近机场的仓储设施则适合高价值和时间敏感的货物，因为空运速度快、可靠性高，能够确保这些货物迅速、安全地到达目的地。这种战略性选址确保了不同类型货物的高效物流处理，满足了多样化的运输需求。

（三）运营成本控制

1. 成本评估：企业在选择仓储设施的地点时，需要综合考虑土地成本、建筑成本、劳动力成本和当地税收政策等多种因素。例如，在物流需求较高但土地和劳动力成本较低的地区建立仓储设施，可以实现成本效益的最大化。这种选址策略不仅能降低运营成本，还能利用当地相对便宜的劳动力资源和优惠的税收政策，进一步减少企业的总体支出。同时，通过在战略位置设立仓储设施，企业可以确保物流需求得到有效满足，从而提高运营效率和市场竞争力。在这样的地区建立仓储设施，企业可以在成本控制和服务质量之间找到最佳平衡点，确保长期的可持续发展和盈利能力。

2. 能源和公用设施：在选择仓储设施地点时，应评估不同地点的能源和公用设施成本，选择能够提供稳定且低成本服务的地点。这样的选址可以确保日常运营过程中能源和公用设施的可靠供应，减少因供电或供水不稳定造成的运营中断。同时，通过选择能源成本较低的地区，可以进一步降低运营开支，提高整体效益。这种评估和选择有助于在长期内维持高效、稳定的物流运营，提升市场竞争力。

（四）仓储设备和环境配置

1. 温控仓储：对于需要温控的货物，如食品和医药品，应设置冷链仓储设施，以保证货物在适宜的温度条件下储存。这种设施能够维持稳定的低温环境，确保货物的质量和安全，防止因温度波动导致的变质或损坏。通过冷链仓储，企业可以有效延长这些敏感货物的保质期，达到严格的安全和质量标准。

2. 安全性和环境控制：高价值或易碎品需要配备安全性高且环境条件可控的仓储设施，以减少货物损坏和丢失的风险。这些设施应具备先进的安全措施，如24小时监控、严格的访问控制和防盗系统，确保货物的安全。同时，环境条件可控的仓储设施可以精确调节温度、湿度和光照等因素，提供最佳的储存环境，防止货物因环境变化而受损。通过这种全面的保护措施，企业可以确保高价值和易碎品的完好无损，提升客户满意度和信任度。

3. 自动化仓储：自动化立体仓库和智能仓储系统的应用，可以大幅提高仓储操作的效率和准确性。例如，自动化立体仓库通过垂直存储，最大化利用仓储空间，同时通过自动化设备实现高效的货物存取操作，减少人工成本和操作错误。

（五）可扩展性和灵活性

1. 扩展空间：在规划仓储设施时，应预留扩展空间和灵活的布局设计，以确保在需求增加时能够快速进行扩建和调整。这种前瞻性的设计考虑能够使企业在面对市场变化和业务增长时，具备足够的灵活性和适应能力。通过预留足够的扩展空间，企业可以在不需要大规模重建的情况下增加仓储容量。同时，灵活的布局设计可以方便地重新配置仓库内部结构和操作流程，满足不同货物类型和物流需求的变化。这样的规划不仅提高了仓储设施的利用效率，还增强了企业在市场竞争中的应变能力和长远发展潜力。

2. 模块化设计：采用模块化的仓储设备和系统，企业可以根据业务需求的变化灵活调整仓储设施的功能和容量，显著增强仓储设施的适应性和灵活性。模块化设计允许企业在仓储需求增加时，快速添加新的存储单元或设备，而不需要大规模的结构改造。相反，当需求减少时，模块化系统也可以方便地缩减或重新配置，避免资源浪费和运营成本上升。例如，模块化货架系统可以根据不同货物的尺寸和存储要求进行调整，模块化自动化设备则可以根据业务量变化灵活调度，实现高效的货物处理和管理。通过这种灵活的配置，企业不仅能快速响应市场需求，还能保持仓储设施的高效运作，优化空间利用率和成本效益，确保在任何市场环境下都能保持竞争力和运营的稳定性。

（六）综合优化

1. 全局优化：综合考虑物流需求、运输便利性、运营成本等因素，企业可以通过数据分析和优化算法，制定科学的仓储选址和配置方案。这些算法能够处理大量复杂的数据，评估不同选址方案的优缺点，从而找到最佳的仓储位置和布局。通过分析市场需求分布、交通网络状况、土地和劳动力成本等关键因素，企业可以选择既能满足物流需求又具备成本效益的仓储地点。同时，优化算法可以帮助企业在选址过程中考虑长远发展的需要，确保仓储设施具备扩展性和灵活性。这样，企业不仅能降低运营成本，提高物流效率，还能提高客户服务质量和市场竞争力，实现整体供应链的优化和高效运作。

2. 持续改进：定期评估仓储设施的运行效果，根据市场变化和企业需求，持续优化仓储配置，以提高整体物流网络的效率和响应速度。通过这种动态调整，企业可以及时发现和解决仓储管理中的问题，确保仓储资源的最佳利用。持续优化的过程包括调整仓储布局、更新设备和技术、改进操作流程等，以适应不断变化的市场需求和业务增长，从而保持高效的物流运营和优质的客户服务。

五、应用先进技术支持

先进的信息技术和数据分析工具在物流网络设计与优化中起着重要作用。例如，企业资源计划（ERP）系统、运输管理系统（TMS）和供应链管理（SCM）系统等，这些系统可以实现物流过程的全程监控和管理，提高透明度和响应速度。ERP系统整合了企业的各项业务流程，包括采购、生产、销售和财务，提供全程的物流监控和优化资源配置。TMS能够分析不同运输路线的时间和成本，推荐最优路线，降低运输成本，并提供货物运输过程中的实时跟踪，确保货物安全和准时送达。SCM系统协调供应链的各个环节，从供应商到最终客户，确保物流链条的顺畅运行，并优化库存管理，减少库存积压和短缺，提高库存周转率。

大数据分析和人工智能技术在提高物流网络智能化水平方面也发挥着关键作用。大数据分析可以处理大量历史销售数据和市场趋势，帮助企业预测未来需求，调整生产和库存策略。同时，通过分析客户行为数据，企业可以了解客户偏好和购买习惯，优化产品和服务。大数据分析还可以识别供应链中的潜在风险，制定应急预案，提高供应链的抗风险能力。人工智能技术可以实时监控库存状态，自动调整补货和生产计划，确保库存水平合理。智能化的分拣系统和自动化仓储技术提高了仓储作业的效率和准确性，减少了人工成本和降低错误率。人工智能还能够通过分析设备运行数据，进行预测性维护，减少设备故障和停机时间。通过整合这些技术，企业可以实现物流网络的全面优化。信息技术提高了物流过程的透明度，使企业能够实时了解物流状态，及时发现和解决问题。数据分析和智能技术加快了企业的响应速度，使其能够快速适应市场变化，调整物流策略，提高客户满意度。同时，优化算法和大数据分析能够帮助企业降低运营成本，提高资源配置效率，从而提升整体物流网络的效能和竞争力。在复杂多变的市场环境中，先进的信息技术和数据分析工具为企业提供了强大的支持，使其在物流管理中始终保持高效、灵活和智能的运作状态。

六、环境与可持续发展

在进行物流网络设计与优化时，企业还应考虑环境和可持续发展因素。例如，选择低排放的运输工具是一个重要的举措。电动卡车、天然气卡车以及其他清洁能源车辆的使用，可以显著减少运输过程中产生的二氧化碳排放和其他有害污染物排放。此外，优化运输路线以减少碳足迹也是关键措施之一。通过先进的运输管理系统（TMS）和优化算法，企业可以规划最短路径和最少中转次数的运输方案，减少燃油消耗和碳排放，同时提高运输效率。采用环保包装材料也是企业履行可持续发展责任的重要方式。选择可降解或可回收的包装材料，不仅能减少包装废弃物对环境的污染，还能在客户中树立环保形象，提升品牌价值。企业可以通过改进包装设计，减少材料使用量，优化包装尺寸，从而降低运输过程中的资源消耗和成本。企业可以在仓储设施的建设和运营中应用绿色建筑标准和节能技术。例如，使用太阳能光伏系统为仓库供电，安装节能照明和智能温控系统，进一步减少能源消耗和碳排放。通过引入自动化和智能化仓储系统，企业可以提高空间利用率和作业效率，减少资源浪费。

重视环境和可持续发展因素，不仅有助于企业履行社会责任，还能提升企业的市场声誉和竞争力。消费者和合作伙伴越来越重视企业的环保表现，企业在这方面的努力可以赢得更多的市场认可和客户忠诚度。此外，政府和监管机构对环境保护的要求日益严格，提前布局绿色物流战略，有助于企业顺应政策变化，减少未来合规风险和成本。通过综合运用低排放运输工具、优化运输路线、采用环保包装材料以及绿色仓储技术，企业不仅能够实现物流网络的高效运作，还能在环保和可持续发展方面取得显著成果。这样一来，企业不仅提高了运营效率和市场竞争力，还在履行社会责任和实现长期可持续发展方面迈出了坚实的一步。

物流网络设计与优化是一个复杂且系统的工程，其涉及多方面的综合考量。通过科学合理地设计和优化，企业可以提高物流效率、降低运营成本、提升客户满意度，从而在市场竞争中占据优势。有效的物流网络设计与优化不仅需要技术支持和数据分析，还需要企业对市场需求、运输方式、库存管理、仓储配置等有深入的理解和把握，这样才能实现整体供应链的高效运作和持续发展。

第2章

供应链技术的革新

信息技术在物流中的应用

随着信息技术的发展，各行各业都经历了巨大的变革。作为现代企业的重要组成部分，物流企业也因信息技术的进步而受益匪浅。下面内容主要探讨物流信息技术的发展，包括已经成熟的技术和新一代物流信息技术的具体内容和应用。信息技术的发展催生了新的购物方式和需求，随之而来的是对运输的需求，促成了物流企业的崛起。早期的运输方式相对简单，企业数量也较少。如今，现代物流企业面临着巨大的供需压力，如何使运输企业变得更加智能、高效，依赖于信息技术的推动。物流信息技术是指将现代信息技术应用于物流行业的各个环节，形成一系列的实际应用，使物流行业更加信息化、现代化、集成化。这是现代物流与传统物流最显著的区别。从过去的手工记录和操作，到现在的数据收集汇总，从条形码系统到GPS定位系统，再到办公自动化的各种硬件、软件，各种应用软件和终端设备，这些都是物流信息技术在物流信息系统中的具体体现。

一、信息技术在物流中应用的主要表现

传统物流向现代化物流的变化主要是信息技术基于大数据、云计算、物联网对物流企业和物流大大小小中间商的开发和应用。这一变化能使中国物流行业得到极大的进步与提升，让物流在智能化、信息化的道路上更进一步。现代物流和国民经济发展密切相关，贯穿一二三产业。让生产与消费无缝衔接，让人们需求得到更大满足。对城市的建设发展也具有极大的推动作用。而且，在国际上，现代物流是一个通用指定目标，可以用来衡量一个国家的现代化程度，并对国家综合能力进行评价。目前，比较成熟的物流信息技术由通信、软件、面向行业的业务管理系统三部分组成，主要包括条形码技术、无线射频识别技术、电子数据交换技术、全球卫星定位系统、地理信息技术等。

（一）条形码技术

条形码是一种由一定的线条和数字按照既定的规则和顺序组成的符号，

能够代表不同商品的物流信息。条形码广泛运用于物流领域，作为运输编码和商品分类的一种标准化工具。这种编码方式通过条形的黑白间隔和数字组合，可以快速、准确地标识和追踪商品，便于自动化识别和数据处理。在物流操作中，条形码可以应用于商品的入库、出库、库存管理、运输跟踪等环节，通过扫描设备，迅速获取商品的相关信息，提高了物流管理的效率和准确性。

条形码有多种分类，如从应用上可以分为类别管理、批次管理和单品管理条形码；从编码上可以分为UPC、EAN、39码、123码、93码等；从维上可以分为一维码和二维码。条码技术在商品的加工、制造和仓储配送过程中得到了广泛应用。通过在产品外包装或产品本身上印制或粘贴条形码，并利用特定的识别设备，可以实现对产品的跟踪、识别和认证。

（二）无线射频识别技术

无线射频识别技术（RFID）是利用无线电波进行扫描和识别，读取其中的码信息，从而进行数据识别。这种技术可以简称为射频识别技术，与条形码的应用相互配合、相互合作。RFID技术通过射频阅读器和天线进行通信，将商品上RFID标签中的信息转换为计算机可读取的数据。RFID标签通常包含一个微小的芯片和天线，可以存储大量的信息。

在实际应用中，射频阅读器发出无线电信号，通过天线与RFID标签进行通信。RFID标签接收到信号后，将存储的信息反馈给阅读器，阅读器再将这些信息转换为计算机可以处理的格式，并将数据传输给计算机系统进行存储和管理。与条形码不同的是，RFID不需要直接对准标签即可读取信息，标签可以在视线之外或移动状态下被扫描，极大地提高了识别效率和数据采集的准确性。RFID技术在物流领域具有广泛的应用，包括库存管理、运输跟踪、入库和出库操作等。通过与条形码技术的结合，RFID能够提供更高效、自动化的物流管理解决方案，提高运营效率，减少人为错误，增强供应链的透明度和可追溯性。

（三）电子数据交换技术

电子数据交换技术（EDI）是指在同一领域和相关领域中，对商业活动和企业各种生产数据进行收集和整理，并根据商业规则和道德标准等一系列标准进行信息交换和数据交流。EDI技术使得企业之间可以通过标准化的电子格式，自动化地交换订单、发票、运输单据等商业文件，从而减少手动处理和纸质文档的需求。在应用过程中，EDI技术将不同企业的内部系统连接起来，使得数据能够无缝传输。例如，一个企业可以通过EDI系统将订单信息自动发送给供应商，供应商的系统接收到订单后，自动生成发货单和发票，再通过EDI系统返回给订购企业。整个过程无须人工干预，大大提高了信息传递的速度和准确性。EDI技术的标准化信息交换不仅遵循行业特定的商业规则和道德标准，还采用了严格的安全协议，确保数据的机密性和完整性。通过这种方式，EDI技术能够显著减少数据传输中的错误和延迟，提高商业交易的效率和可靠性。同时，企业能够实时获取和处理业务数据，优化供应链管理和运营决策。

电子数据交换技术在现代商业环境中发挥了重要作用，其可以帮助企业实现自动化和高效的业务运作，增强企业之间的协作能力，从而提高整个供应链的响应速度和灵活性。

（四）全球卫星定位系统

全球定位系统（GPS）被广泛应用在生活中的各个方面，在物流中主要是实现三维导航定位和监督调度功能，并对紧急情况实施救援。通过GPS技术，物流企业能够实时监控和管理运输车辆的位置和状态，确保物流运营的高效性和安全性。

在物流领域，GPS技术的三维导航定位功能使得车辆能够精确地按照最佳路径行驶，减少运输时间和燃油消耗，提高运输效率。同时，GPS技术可以为驾驶员提供实时的路线建议和交通信息，帮助避开拥堵路段和道路施工，进一步优化运输过程。监督调度功能是GPS技术在物流中的另一重要应用。物流管理人员可以通过GPS技术实时监控车辆的位置、速度和路线偏离情况，及时调整调度计划，确保物流任务按时完成。此外，GPS技术可以记录车辆的行驶轨迹和停靠点，提供详细的运输数据报告，帮助企业进行绩效评估和优化运输管理。在紧急情况下，GPS技术还具有重要的救援功能。车辆发生故障或事故时，GPS技术能够迅速定位车辆的位置，帮助救援人员及时赶到现场提供援助。这种应急响应能力在保障货物安全和减少事故损失方面发挥了关键作用。GPS技术在建立物流车辆管理平台方面也具有重要作用。通过整合车辆的位置信息、行驶数据和状态监控，企业可以构建一个全面的物流车辆管理体系，实现对所有运输车辆的集中管理和协调。这不仅提高了车辆利用率，降低了空驶率，还优化了整个物流网络的运营效率。

全球定位系统在物流中的应用，通过三维导航定位、监督调度和紧急救援等功能，显著提高了物流管理的智能化水平，确保了运输过程的高效和安全，推动了现代物流体系的不断完善和发展。

（五）地理信息（GIS）技术

目前，物流管理中的绝大多数商业数据都涉及地理位置因素，因此需要应用地理信息技术来获取相关的地理时空信息。地理信息技术是一种以研判地理信息为目的的计算机网络系统，旨在提供多种空间和动态信息的及时服务。该技术在多个领域有广泛应用，包括但不限于电子地图、辅助规划、交通管理和军事应用。在物流行业中，地理信息系统既可以单独应用，也可以与全球定位系统（GPS）结合使用。例如，通过地理信息系统提供的数据，物流公司可以对运输路线进行精确地规划和优化，以提高运输效率和减少运输时间。该系统还能够对运输车辆进行实时监控和引导，确保货物的安全和准时送达。此外，地理信息系统还可以帮助物流企业更好地管理仓储设施，通过分析地理位置数据，优化仓库布局，提高仓储管理效率。因此，地理信息技术在现代物流管理中发挥着不可或缺的作用。

二、信息技术分类

（一）大数据

"大数据"一词出现得很早，刚开始并未出现在我国词库里面，但被提出是在2008年，是由非常权威性的科学期刊"*Nature*"首次提到的，并且强调了大数据可以对我们产生的重大影响力。在2014年，"大数据"这一词汇首次面世，并且被我国政府所肯定，出现在我国的正式文件中。并被定义为基础性战略资源。而物流所面临的大数据信息是指物流运转的整个过程中，包括从最开始供应地到最后顾客手中产生的一系列数据和信息。大数据是信息技术的参考依据，也是做出发展决策的重要信息基础。

（二）云计算

云计算的最早提出是在"Google101计划"中，意思是通过大数据平台提供的数据对信息进行统一组织，并且通过对各种信息和通信资源的灵活调用，实行大规模的处理计算，最后合成共享资源，提供给有信息需求的顾客，利用大数据，进行云计算，这是两者的完美融合。因为大数据向云计算提供数据基础，云计算又可以通过计算结果挖掘出大量的信息源。这又是完善大数据需要的各种数据。

（三）物联网

在2005年11月，国际电信联盟对"物联网"信息进行正式确定。并且将其意义定义为：满足了人和人，物和物，人和物乃至万物的链接。当前，我国已经普遍接受物联网的理念，并且物联网在我国进入蓬勃发展阶段。物联网的普遍接受出现了很多相关的技术产品。各个领域开始普遍使用，这对物流行业的发展是一个很大的进步。物联网作为新一代信息技术，在机械的生产制造、物流行业和钢铁冶金上都推动了企业转型升级。

三、信息技术在物流中应用的现实意义

（一）实现资源整合

一般而言，物流资源包括人力资源、物力资源、财力资源、时间资源和信息资源等要素，这些资源的有机组合直接决定着物流行业的发展水平。然而，受制于观念、市场、技术和制度等因素的影响，许多企业的物流资源未能实现最优配置，难以同时提升服务质量和降低运营成本。因此，整合物流资源不仅是现代物流发展的必然要求，也是物流企业核心竞争力的重要标准。整合物流资源的途径有很多，其中借助信息技术的力量不仅受到越来越多的关注，而且已成为必然趋势。对于企业内部资源，信息技术可以应用于智能车队管理、部门联合运作、区域经济决策、智能学习培训、信用档案建设等方面，确保企业内部运营的有序进行。对于企业与外部关系，信息技术可以用于收集、分析和利用社会的外部资源，实现企业内部与外部资源的无缝对接，从而更有效地提高整体运营效率和竞争力。

（二）降低物流成本

制约企业发展的一个最重要因素就是物流成本，对于专门的物流企业而言更是如此。有学者指出，现代物流应建立流程优化和集成管理模式，尽可能降低物流成本，这就需要利用信息技术对物流过程中的有效信息加以梳理，以有效降低货物的运输、传递和交易成本。以生产性企业为例，企业的产品成本往往是将物流成本涵盖在内，因此其价格高低与物流成本高低存在着直接关系，并影响其在市场上的竞争力。事实上，应用信息技术可以减少

不合格产品的数量、产品运输的时间、产品仓库存放的时间、商品信息反馈时间等，提升其市场竞争力，保障企业的收益。以专门的物流企业为例，交通运输成本的控制极为关键，而我国推出的ETC系统对于降低高速公路停车收费的时间成本起到了巨大作用。目前，我国正在研究应用"互联网+"技术，从结构性、制度性、技术性和管理性四个方面降低交通运输方面的物流成本，这项技术非常值得关注。

（三）提高管理质量

现代物流的本质是服务客户，而优质的服务供给必然要求高质量的内部管理。具体而言，物流管理包括采购、存储、包装、装卸、运输、接货、验收、服务等环节的管理，尽管每一环节的管理方法、原则和要求不同，但坚持管理质量优先是永恒的目标。但从另一个方面来看，上述各环节的管理都离不开信息技术的应用。如现在很多的物流公司都应用了全球定位系统（GPS）技术，能够将货物的运输情况及时传递给客户，满足客户的心理期待和时间要求，从而使服务管理的质量大大提高。再如目前物流运输公司所使用的智能交通系统（ITS），就是利用现代信息技术而研发的系统，包括智能交通控制、交通分析研判、车路协同、视频分析等技术。该系统通过车辆控制系统，对人、车、路的科学配置，降低了车辆的空驶率；通过交通监控系统，明确最优路线，缓解了交通压力；通过紧急救援系统，提供车辆故障处治，降低了交通事故的危害。

四、信息技术在物流中的应用策略

（一）提高物流信息技术的利用率

目前，许多企业在物流信息技术的应用上仍停留在基础的数据归纳和整理阶段，未能充分利用信息技术进行资源整合和信息共享，导致供应链整合难以实现。这种局面使得企业在物流管理中无法达到最佳效率，信息流通不畅，决策过程滞后，供应链的整体效益难以提升。

企业应根据自身的实际情况，引进合适的物流信息软件和设备，逐步进行改善和升级。企业应进行全面的需求分析，明确信息技术在物流管理中的应用目标和要求。然后，选择那些能够与企业现有系统兼容、能够满足实际需求的软件和设备，以实现数据的有效整合和共享。通过逐步引入先进的物流信息技术，企业可以优化物流管理流程，提高运营效率和服务水平。还应重视员工的培训和技能提升，确保他们能够熟练操作和利用新的信息系统。通过不断提升员工的专业素质和技术水平，企业可以更好地发挥信息技术的优势，推动供应链的整合和优化。员工的全面培训和持续发展不仅能够提高其工作效率，还能促进企业在信息化时代的整体竞争力。通过建立系统化的培训计划和提供持续的学习机会，企业能够确保员工始终掌握最新的技术和管理方法，从而在激烈的市场竞争中保持领先地位。政府和行业协会也应积极推动物流信息技术的普及和应用，通过政策支持和资金补助，帮助企业尤其是中小企业克服在信息化建设中的困难。通过多方努力，物流行业的信息化水平将不断提高，供应链的整合和优化将逐步实现，从而提升整个行业的竞争力和服务能力。

（二）以人为本

尽管先进的设备和软件能够显著促进企业的发展，但如果没有相应的工作人员来操作和维护，这些设备和软件不仅无法发挥应有的作用，有时甚至会成为企业的负担。设备和技术的优势只有在有熟练操作人员的情况下才能得到充分利用。因此，物流工作人员的信息技术水平及其知识的培养和提高对于物流企业的信息化建设至关重要。

物流企业应认识到人才的重要性，积极开展在职培训，帮助现有员工掌握新的技术和系统操作方法。通过定期的培训课程和技术讲座，企业可以确保员工不断更新知识，适应信息技术的快速发展。同时，企业应重视高技术人才的引进，吸引具有丰富经验和专业技能的人员加入团队。这不仅能够弥补现有人员的技术不足，还能带来新的视角和创新思维，推动企业在信息化建设方面的进步。企业应建立健全人才激励机制，通过绩效奖励、职业发展规划等手段，激发员工的学习积极性和工作热情。通过这些综合措施，企业能够打造一支高素质、专业化的物流管理团队，充分利用先进的设备和软件，实现物流管理的信息化和智能化，提高整体运营效率和服务质量，增强市场竞争力。政府和行业协会也应积极支持企业的人才培养工作，提供政策指导和资金支持，促进物流行业的整体发展。通过多方努力，物流企业的信息化建设将更加顺利，行业的整体水平也将得到显著提升。

（三）提高重视程度

信息化是当今社会发展的不可逆转的趋势，一个企业要在新时代中生存并不断壮大，必须接受这一现实。企业的物流信息化建设需要领导者和员工的共同努力。领导层必须深刻认识到信息化的重要性和作用，将信息化建设纳入企业发展战略的一部分。在企业内部积极推广和普及信息化技术，并对员工进行系统培训，从观念和技术上全面提升他们的能力和素质。企业员工也应积极支持企业的技术改革，主动学习和适应新技术，与企业共同成长和发展。员工的积极参与和配合是企业信息化建设成功的关键，只有全体员工共同努力，企业才能在信息化时代保持竞争力，实现可持续发展。企业还应制订详细的实施计划，确保信息化建设有序推进。通过不断地创新技术和管理优化，企业可以提高物流效率，降低运营成本，提供更优质的服务，最终在激烈的市场竞争中立于不败之地。

（四）加强企业物流信息资源的管理

企业的物流信息管理涵盖了整个供应链过程的一系列活动，不仅包括对外部物流活动信息的整合，还涉及企业内部物流信息的整合。这一过程包含对各个物流环节的管理，成本控制和资金调配的监控以及实时收集和整理市场信息等。这是一个复杂且全面的信息整合过程，需要各个部门的密切协作和高效的管理。

在物流信息管理中，建立规范化的标准和流程是必不可少的，以确保信息获取的全面性和准确性。通过统一的标准，可以更有效地收集、整理和分析物流数据，为管理层提供科学的决策依据。标准化不仅有助于提升数据的质量和一致性，还能促进不同部门和环节之间的信息共享和协作，从而提高整体运营效率。这种规范化的标准和流程，能够为物流信息管理奠定坚实的基础。统一的标准使得数据在不同环节和部门之间的传递更加顺畅，减少了因数据不一致或格式不统一带来的困扰。此外，通过建立统一的流程，可以确保各个物流环节在数据处理上的一致性，减少信息处理过程中的误差和延迟。在实施这些标准和流程的过程中，还应借助先进的信息技术和系统工具，如ERP和SCM系统。这些系统能够自动化地采集和处理物流数据，进一步提升数据的实时性和准确性。数据的安全性和隐私保护也需要得到重视，确保在传输和存储过程中数据的安全。通过系统的培训和持续的学习，员工能够更好地掌握和应用这些信息管理技术，从而提高工作效率和服务质量。领导层应积极推动信息化建设，制定明确的战略目标和实施计划，确保信息管理系统的顺利部署和运行。通过建立规范化的标准和流程，不仅可以提升物流数据的质量和一致性，还能促进信息共享和协作，提高整体运营效率，从而为企业的长远发展提供坚实保障。

物流信息管理还需要借助先进的信息技术和系统，如企业资源计划（ERP）、供应链管理系统（SCM）等。这些技术工具能够实现物流信息的自动化采集和处理，减少人为干预和错误，提高数据的实时性和准确性。同时，企业还应重视数据安全和隐私保护，确保物流信息在传输和存储过程中的安全性和保密性。为了实现物流信息管理的有效整合，企业还应加强对员工的培训，提高他们的专业素质和技术水平。通过系统的培训和持续的学习，员工能够更好地掌握和应用这些信息管理技术，提高工作效率和服务质量。领导层也应积极推动信息化建设，制定明确的战略目标和实施计划，确保信息管理系统的顺利部署和运行。企业应建立健全的评估和反馈机制，定期对物流信息管理的效果进行评估，及时发现和解决问题，不断优化和改进管理流程。通过这些努力，企业能够实现物流信息的全面整合和高效管理，提高整体运营效率和市场竞争力，为企业的持续发展奠定坚实的基础。

物联网（IoT）与大数据分析

一、物联网

（一）物联网的概念

物联网（Internet of Things，IoT）是通过互联网将各种物理设备连接起来，实现设备之间互联互通和信息共享的一种技术体系。当前，物联网在智能物流领域的应用非常广泛。其中，感知技术负责采集和感知物流环境中的各种信息，网络技术则确保信息的快速高效传输，而应用层技术则负责对数据信息进行分析并作出决策。物联网技术具有全面感知、可靠传输和智能处理等特点，因此，将物联网技术应用于智能物流仓库中，可以有效解决物流设备之间以及多源物流存储数据之间的信息共享和协同管理问题。通过这种方式，物联网不仅提高了物流操作的效率和准确性，还改善了整体供应链的管理和运营水平，实现了更高效和智能化的物流管理。

2008年，IBM公司在提出"智能地球"概念的基础上，进一步提出了智慧物流的概念。2009年12月，中国物流科技学会和华夏物联网也联合提出了智慧物流的概念。自此，学术界和企业界开始围绕"智慧物流"展开热烈的讨论和探索。智慧物流是指通过智能软硬件、物联网、大数据等智能化技术手段，实现物流在各个环节的精细化、动态化、可视化管理，提高物流系统智能化分析决策和自动化操作执行能力，最终实现提升物流运作效率的现代化物流模式。智慧物流的内涵和意义在智能交通、智慧城市以及物联网等国家发展战略中均得到体现。这些战略旨在通过利用先进的信息技术，实现物流运作的智能化和高效化转型升级，从而推动经济发展和社会进步。智慧物流中应用物联网技术，能够实现对物品的实时跟踪和监控，提高物流运作的透明度和效率。借助云计算、大数据、数据孪生、边缘计算、人工智能等智能化技术，智慧物流能够实现对复杂数据的分析和处理，为决策者提供更加准确和及时的信息，从而更好地满足市场需求和客户需求。在未来的发展中，智慧物流将成为推动物流行业创新发展的重要力量。它将以更加智能化、高效化、可靠化的方式，实现物流资源的优化配置和互通共享，降低物流成本，提高物流效率和服务质量。智慧物流也将促进绿色物流的发展，减少能源消耗和环境污染，为可持续发展作出贡献。

（二）物联网的核心构成

1. 感知层

感知层是物联网的基础层，它由各种传感设备组成，这些设备负责采集环境中的各种信息，如温度、湿度、光线、位置、速度等。感知层的核心功能是通过传感器实时捕捉和记录物理世界中的数据，并将这些数据传输给网络层进行进一步处理。感知层在物联网系统中至关重要，因为它直接决定了系统的数据采集能力和精确度。

感知层在物联网系统中扮演着至关重要的角色，因为它直接影响数据的质量和系统的整体性能。高精度的传感器能够提供准确的数据，以确保后续的数据处理和分析的有效性。感知层的覆盖范围和传感器的数量决定了物联网系统的监测能力。更多的传感器意味着可以实现更全面的环境监测和更细致的数据采集。例如，在智能农业中，部署在不同位置的湿度传感器可以全面监测农田土壤的湿度状况，使农民能够针对不同区域的实际需求合理安排灌溉，从而提高水资源利用效率和农作物产量。同样，在智能家居系统中，多点布置的温度和光线传感器可以精确调节每个房间的温度和照明条件，提升居住舒适度和节能效果。因此，感知层的性能和传感器的配置对物联网系统的成功运行和优化管理至关重要。

随着技术的进步，感知层的传感器将变得更加智能和多样化。新型传感器的研发将提高数据采集的精度和效率，微型化和低功耗技术将使传感器在更多应用场景中普及。传感器的联网能力和数据处理能力也将得到增强，进一步提升物联网系统的智能化水平。通过不断优化和创新，感知层将在物联网的发展中发挥越来越重要的作用，为各行各业的数字化和智能化转型提供强有力的支持。

2. 网络层

网络层是物联网系统的中间层，负责将感知层收集到的数据传输到数据处理中心。它包括互联网、无线网络（如Wi-Fi、蓝牙、Zigbee）和移动通信网络（如4G、5G）等多种通信技术。

网络层的核心任务是确保数据在不同设备和系统之间的可靠传输和实时通信。具体来说，它必须能够达到以下几个方面的要求。

（1）传输可靠性

保证数据在传输过程中的完整性和准确性至关重要，这意味着在数据从传感器到数据处理中心的整个传输过程中，需要确保数据不被丢失、篡改或损坏。实现这一目标通常依靠多种技术和措施，例如数据加密、校验码、冗余传输和错误检测与纠正机制。这些技术可以有效防止数据在传输过程中受到干扰或攻击，确保接收到的数据与原始数据一致，从而为后续的数据处理和分析提供可靠的基础。

（2）实时性

确保数据能够及时传输，以满足物联网应用对时效性的要求至关重要。物联网系统中的许多应用，如智能交通、远程医疗和工业控制等，都需要实时数据来进行即时决策和响应。为了实现这一点，网络层必须具备高效的传输能力，利用低延迟和高带宽的通信技术（如5G、Wi-Fi6）来快速传输数据。此外，优化网络架构、部署边缘计算和采用高效的数据传输协议（如MQTT、CoAP）也能显著减少数据传输的延迟，确保系统能够实时处理和响应数据，从而保障物联网应用的可靠性和有效性。

（3）广泛覆盖

物联网网络层需要支持在不同环境和场景下的数据传输，包括城市、农村、工业园区等不同区域。这要求网络基础设施具备广泛的覆盖能力和灵活的适应性。在城市，通常依赖高速宽带、Wi-Fi和5G网络来提供高带宽和低延迟的连接；在农村，可能需要借助4G/5G和低功耗广域网（LPWAN）技术，如LoRa和NBIoT，来覆盖广阔区域并节省能耗；在工业园区，则需要可靠的有线网络和专用无线网络，以确保高数据传输速率和低延迟。这种多层次、多技术的网络结构可以满足各类环境下的物联网数据传输需求，并确保系统的全面覆盖和稳定运行。

（4）兼容性和互操作性

物联网网络层需要支持各种不同设备和协议之间的互联互通，以确保系统的整体兼容性。这意味着网络基础设施必须能够兼容多种通信协议（如MQTT、CoAP、HTTP）、设备类型（传感器、执行器、控制器等）和操作系统（如Linux、Windows、实时操作系统等）。采用标准化的协议和接口规范以及实施协议转换和网关技术，可以实现不同设备和系统之间的无缝通信。此外，物联网平台应具备良好的扩展性和兼容性，以便能够轻松集成新设备和新技术，确保整个物联网系统能够稳定、高效地运行，并适应不断变化的需求和环境。

3. 数据处理层

数据处理层对传输过来的数据进行存储、处理和分析。通过云计算、大数据分析、人工智能等技术，将海量数据转化为有用的信息，为后续的决策和管理提供支持。

数据处理层是物联网系统中的关键层次，负责对传输过来的数据进行存储、处理和分析。它通过云计算、大数据分析、人工智能等先进技术，将海量数据转化为有用的信息，为后续的决策和管理提供支持。

物联网设备每天会生成大量数据，需要高效、安全地存储这些数据。数据处理层通过分布式存储技术和云存储解决方案，将数据存储在数据中心和云平台上。这种方法不仅确保了数据的安全性和完整性，还提供了高可用性和扩展性，使系统能够适应数据量的快速增长。分布式存储技术通过在多个节点上存储数据，增加了系统的容错性和可靠性，而云存储解决方案则提供了灵活的资源管理和按需扩展的能力，满足了物联网环境中海量数据存储和处理的需求。

数据处理是数据处理层的核心任务之一。通过实时数据处理技术，系统能够在数据生成的瞬间进行处理，确保数据的实时性。这对于需要快速响应的应用（如智能交通、工业自动化等）尤为重要。此外，批处理技术主要用于定期处理和分析大量历史数据，为长期趋势分析和战略决策提供支持。

4. 应用层

应用层是物联网系统的最终目的层，根据数据处理层提供的信息进行具体的应用和决策。应用层的领域非常广泛，包括智能家居、智慧城市、智能交通、智慧农业、工业4.0等各种物联网应用。

应用层根据数据处理层提供的信息进行具体的应用和决策，其涵盖了智能家居、智慧城市、智能交通、智慧农业和工业4.0等广泛领域。应用层将物联网技术转化为实际效益，对人们的生活、工作和社会运转都将产生深远的影响。

（三）物联网的特征

1. 全面感知：通过各种传感器，物联网能够全面感知环境中的各种物理参数，实现对物体和环境的实时监控。这些传感器能够监测温度、湿度、光线、位置、速度、气压等多种环境因素，并将这些数据实时传输到数据处理层进行分析和处理。这样，物联网系统可以持续监测环境变化，提供及时、准确的信息支持，帮助管理者和用户做出科学决策。例如，在智能农业中，传感器可以监测土壤湿度和气候条件，优化灌溉和施肥；在智能交通中，传感器可以监控交通流量和路况，优化交通管理；在智能家居中，传感器可以调节室内环境，提升居住舒适度和安全性。通过这些实时监控和反馈，物联网实现了对环境和物体的精细化管理和控制，推动了各领域的智能化进程。

2. 可靠传输：物联网能够通过多种网络技术实现数据的可靠传输和通信，确保信息的及时性和准确性。利用有线网络、无线网络（如蓝牙、Zigbee）和移动通信网络（如4G、5G）等，物联网系统能够在不同环境和场景下高效地传输数据。这些技术的结合保障了数据在传输过程中的完整性和实时性，使得物联网设备能够迅速响应环境变化和用户需求，从而提高系统的整体性能和用户体验。

3. 智能处理：物联网通过数据处理和分析技术，对采集到的数据进行智能化处理，从而实现自动化和智能化的管理和控制。利用云计算、大数据分析和人工智能等技术，物联网系统可以对海量数据进行实时分析和决策，优化资源配置，提高效率，自动响应环境变化，实现更高水平的智能管理和控制。

（四）物联网的应用领域

1. 智能家居：通过物联网技术，家电设备可以互联互通，实现智能化控制和管理。用户可以通过手机或其他终端设备远程控制家中的电器，例如调节温度、控制照明、监控安全系统等，从而显著提高生活的便利性和舒适度。这种智能化的家居管理不仅提升了用户体验，还能够节约能源，提高家庭生活的整体效率和安全性。

2. 智慧城市：物联网在智慧城市建设中起到了重要作用，包括智能交通管理、智能电网、智能水务、环境监测、城市安防等多个方面。通过物联网技术，可以实现城市运行状态的实时监控和管理，提高城市管理效率和居民生活质量。

3. 智能交通：物联网技术通过实现交通工具与交通基础设施的互联互通，能够大幅优化交通管理。实时监控和数据分析使得系统可以精准掌握交通流量、车速和路况信息，从而优化交通信号控制，动态调整交通灯时序，预警和分流拥堵路段，减少交通拥堵，提高交通运输效率。这不仅提升了通行速度和行车安全性，还有效降低了碳排放和能源消耗，推动了智慧交通的发展。

4. 智慧农业：物联网在农业中的应用实现了精准农业，通过传感器监测土壤湿度、温度、光照等环境参数，系统可以自动调整灌溉和施肥等农业生产活动。这种智能化管理方式不仅提高了农业生产效率和作物产量，还显著减少了水、肥料等资源的浪费，优化了资源利用。同时，实时监控和数据分析帮助农民及时发现和应对潜在问题，进一步提升了农业生产的稳定性和可持续性。

5. 工业物联网：在制造业中，物联网技术可以实现设备的智能监控和管理。通过对生产设备的实时监测，可以及时发现设备故障，进行预防性维护，减少停机时间，提高生产效率和产品质量。

（五）物联网的发展趋势

随着技术的不断进步和应用的逐渐深入，物联网正朝着更加智能化、互联互通和自动化的方向发展。未来，物联网将与5G技术、大数据、云计算、人工智能等新兴技术深度融合，形成更加智能、互联的生态系统。物联网的广泛应用将推动各行各业的数字化转型，提高社会生产和生活的效率和质量。物联网作为新一代信息技术的重要组成部分，具有广阔的发展前景。它通过将各种物理设备和环境连接到互联网，实现了信息的实时采集、传输和处理，从而实现智能化管理和控制。物联网的应用不仅提高了生产和管理效率，还带来了新的商业模式和经济增长点，为社会的发展和进步提供了新的动力。

二、大数据分析

（一）概念

大数据分析是指对大量复杂数据进行处理、分析和解释，以提取有价值的信息和知识。大数据不仅具有数据量大、种类多、速度快和价值高等特点，还包含结构化、半结构化和非结构化数据。大数据分析利用先进的技术和算法，从这些庞杂的数据中挖掘出有用的模式、趋势和关系，以帮助企业和组织做出更科学的决策。

（二）技术

1. 数据采集

大数据分析的第一步是数据采集，即从各种来源收集大量数据。这些来源包括传感器、社交媒体、企业业务系统、互联网和移动设备等。数据采集涵盖了实时数据和历史数据，实时数据如传感器读取的环境参数和用户的社交媒体互动，而历史数据则包括企业过去的交易记录和用户行为日志。通过全面和多样化的数据采集，分析系统能够获得丰富的信息基础，为后续的数据处理和分析提供支持，从而挖掘出有价值的洞见和模式。

2. 数据存储

大数据的存储需要高效、可扩展的存储解决方案，以应对数据量巨大和多样化的挑战。常用的技术包括分布式文件系统、NoSQL数据库和云存储。分布式文件系统（如HadoopHDFS）可以将数据分布存储在多个节点上，提供高可靠性和高吞吐量，适合处理大规模数据集。NoSQL数据库（如Cassandra和MongoDB）则以其灵活的数据模型和高扩展性著称，能够支持高并发读写操作，适用于需要快速访问和实时分析的数据场景。云存储（如AmazonS3和GoogleCloudStorage）则提供了按需扩展的存储空间和强大的数据管理功能，用户可以根据需求动态调整存储容量，同时享受高可用性和数据安全保障。结合这些存储技术，企业能够有效地管理和利用海量数据，支持大数据分析和应用的持续发展。

3. 数据处理

数据处理是大数据分析的核心环节，涉及数据的清洗、转换和聚合，以确保数据的质量和一致性。大数据处理框架（如Hadoop和Spark）在这一过程中发挥关键作用，能够处理大规模数据集。Hadoop主要支持批处理，通过MapReduce编程模型分布式地处理和生成大数据集。Spark则不仅支持批处理，还提供了强大的实时处理能力，通过内存计算显著提高处理速度。这些框架使得企业能够高效地清洗和转换数据，将其聚合成有用的信息，为后续的分析和决策提供坚实的基础。

4. 数据分析

大数据分析利用统计学、机器学习和数据挖掘等技术，从数据中提取有价值的信息和知识。常用的工具和平台包括R、Python、ApacheMahout和SparkMLlib等。这些工具和平台提供了强大的数据分析和建模能力，R和Python拥有丰富的统计分析和机器学习库，适合数据预处理和探索性分析。ApacheMahout和SparkMLlib则专注于大规模数据集的分布式机器学习，能够高效处理海量数据，进行复杂的预测和模式识别。通过这些技术和工具，企业可以深入分析数据，发现隐藏的模式和趋势，做出更科学和更精准的决策。

5. 数据可视化

数据可视化是将分析结果以图表、仪表盘等形式展示出来，帮助用户理解和解释数据。常用工具包括Tableau、PowerBI和D3.js等，它们提供了丰富的可视化选项和交互功能，使复杂的数据分析结果变得直观和易于理解。通过数据可视化，用户能够快速识别数据中的模式、趋势和异常，从而做出更明智的决策。

（三）应用

1. 商业决策

大数据分析可以帮助企业深入了解市场趋势、消费者行为和竞争对手动态，从而优化产品开发、市场营销和供应链管理。例如，零售商可以通过分析销售数据和客户反馈，精准把握消费者需求，调整库存水平和营销策略，确保热销商品及时补货，滞销商品减少库存。通过这种数据驱动的策略调整，企业能够提高运营效率、降低成本，并增强市场竞争力，最终实现更高的客户满意度和盈利能力。

2. 金融服务

在金融行业，大数据分析广泛应用于风险管理、欺诈监测和投资决策。

通过分析交易数据和市场动态，金融机构能够识别潜在风险和欺诈行为，及时采取防范措施。此外，大数据分析可以帮助优化投资组合，通过发现市场趋势和投资机会，提高投资回报率。这样，金融机构不仅能提高运营效率，还能增强安全性和盈利能力。

3. 医疗健康

大数据分析在医疗领域具有广泛应用，包括个性化医疗、疾病预测和公共卫生监控。通过分析患者数据和医学研究成果，医疗机构可以提供更精准的诊断和治疗方案，提高医疗服务质量。

4. 智慧城市

大数据分析在智慧城市建设中也发挥着重要作用，通过对城市环境数据（如交通流量、空气质量）的分析，政府可以优化城市管理和资源配置。实时数据分析使得交通管理更加高效，减少拥堵，提高出行效率；同时，环境监测数据可以帮助制定和实施环保政策，提高空气质量。通过这种数据驱动的管理方式，智慧城市能够提供更好的公共服务，提高城市居民的生活质量和幸福感。

5. 制造业

在制造业，大数据分析主要用于预测性维护、质量控制和生产优化。通过实时监控和分析设备运行数据，企业可以预防设备故障，提高生产效率和产品质量。

（四）未来发展

1. 人工智能的融合

大数据分析与人工智能技术的结合将进一步提升数据分析的智能化水平，实现更精准的预测和决策支持。通过利用人工智能的机器学习和深度学习算法，大数据分析能够自动从海量数据中提取复杂模式和趋势，进行高效地预测和分类。例如，AI算法可以在金融领域中通过分析历史交易数据预测市场走势，在医疗领域中通过分析患者数据提供个性化治疗方案。此结合不仅提高了数据处理和分析的效率，还显著增强了预测的准确性和决策的科学性，为各行业的智能化转型提供了强有力的技术支撑。

2. 实时数据分析

随着物联网和5G技术的发展，实时数据分析将变得更加重要，因为它可以帮助企业和组织快速响应环境变化和市场需求。5G技术提供的超高传输速率和低延迟，使得物联网设备能够即时传输大量数据，实时数据分析则能够迅速处理和分析这些数据，从而提供实时洞察和决策支持。这种能力使企业能够更加灵活地调整生产、优化运营、提高客户满意度，并迅速抓住市场机遇，保持竞争优势。

3. 自动化分析

自动化数据分析工具的发展将显著降低技术门槛，使更多的企业能够利用大数据分析带来的价值。这些工具通过自动化数据清洗、建模和可视化等流程，简化了复杂的数据分析过程，即使没有深厚技术背景的用户也能轻松上手。结果是更多企业可以挖掘和利用数据中的洞见，优化决策流程，提高运营效率，并在竞争中获得优势，从而全面提升业务绩效和创新能力。

4. 数据隐私保护

未来，大数据分析将在确保数据隐私和安全的前提下，寻求更好的数据利用方式，推动数据治理和合规发展。这意味着企业将更加重视数据的安全性和合法性，采用先进的加密技术、访问控制措施以及隐私保护算法，确保数据在采集、存储、传输和分析过程中的安全和合规。同时，数据治理将成为企业的重要战略，通过制定和执行数据管理政策、标准和流程，企业能够提高数据质量和一致性。此外，企业将加强与监管机构的合作，遵守相关法律法规，如GDPR和CCPA，确保数据处理活动符合监管要求。这种双管齐下的策略不仅能保护用户隐私和增强用户的信息度，还将促进数据的合理利用，推动企业在大数据时代的创新和可持续发展。通过这种方式，企业能够在保持合规的同时，最大化地发挥大数据分析的潜力，为业务决策提供更加精准和有价值的支持。

不断的创新和技术进步将使大数据分析继续推动各行业的数字化转型，提高决策质量和运营效率，创造更大的社会价值和经济价值。先进的数据处理和分析技术将帮助企业和组织更好地理解和利用数据，优化业务流程，发现新的市场机会，并提高客户满意度。这种数据驱动的转型不仅增强了企业的竞争力，还促进了整体经济的发展，改善了社会服务和公共管理，为人们带来了更加智能和高效的社会运作模式。

3

仓储管理的自动化与创新

自动化仓库系统

一、概念

（一）自动化仓库系统的定义

自动化仓库系统（Automated Storag eand Retrieval System，AS/RS）是指在不直接进行人工处理的情况下，运输设备能自动地存储和取出货物的多层仓库存储系统。自动化仓库是涉及物流监控技术、计算机应用技术、通信技术、设备及货位优化管理等技术领域的综合系统。它的特点在于以高层立体货架为标志，以成套先进的搬运设备为基础，以先进的计算机控制技术为主要手段，高效率地利用仓储空间，节约时间和人力进行出入库作业。

（二）自动化仓库的历史及发展趋势

美国学者 J.A. 怀特（J.A.White）将自动化技术在仓储领域的发展划分为五个阶段：人工仓储阶段、机械化仓储阶段、自动化仓储阶段、集成自动化仓储阶段和智能自动化仓储阶段。其中，智能自动化仓储已引起国际设计人员的广泛关注，预计在21世纪的未来若干年内，这将成为仓库自动化的主要发展方向。

第一阶段是人工仓储阶段，在这一阶段，物资的输送、存储、管理和控制主要依赖人工实现。至今，国内外生产和服务业中的许多环节仍处于这一阶段。第二阶段是机械化仓储阶段，由人员操作机械存储设备，物料通过传送带、工业输送车、机械手、吊车、堆垛机和升降机等设备运送至货架。机械化阶段满足了人们对速度、精确度、重复存取和搬运，以及达到的高度和提取重量等方面的需求。第三阶段是自动化仓储阶段，自动化技术对仓储技术的发展起到了重要的推动作用。20世纪50年代末和60年代，自动导引车（Automatic Guided Vehicle，AGV）、自动货架、自动存取机器人、自动识别和自动分拣等技术相继研制成功并应用于仓库中。随着计算机技术的进步，工作重点转向了物资的控制和管理，信息技术逐渐成为仓储自动化的核心。

第四阶段是集成自动化仓储阶段，在20世纪70年代末和80年代初，自动化技术被越来越多地应用到生产领域，催生了"集成系统"的概念。在集成系统中，整个系统通过有机协作，使得总体效益和生产应变能力大大超过各部分独立效益的总和。集成自动化仓储技术作为计算机集成制造系统（Computer Integrated Manufacturing System，CIMS）中物资存储的核心，受到了广泛关注和重视。第五阶段是智能自动化仓储阶段，人工智能技术的发展推动了自动化技术迈向更高级的阶段，即智能自动化方向。目前，智能自动化仓储技术还处于初级发展阶段，在未来，仓储技术的智能化将具有广阔的前景。为了适应工业发展的新形势，出现了规模更小、反应速度更快、用途更广泛的自动化仓库系统。这些系统结合了先进的控制技术，应用于分段输送和预定线路输送，保持了高度的柔性和高生产率，以满足工业库存的搬运需求。条形码技术、扫描技术和数据采集技术越来越多地应用于仓库堆垛机、自动导引车（AGV）和传送带等运输设备上，移动式机器人也作为柔性物流工具在柔性生产、仓储和产品发送中发挥着日益重要的作用。实现系统的柔性化，采用灵活的传输设备和物流线路是实现物流和仓储自动化的趋势。

二、技术

（一）自动导引车（AGV）

自动导引车（AGV）是一种能够自动行驶并搬运货物的设备，它通过预设的路径和传感器导航，实现高效的货物搬运和配送。AGV配备了各种传感器，如激光传感器、红外传感器和摄像头，用于感知周围环境和路径。它们能够实时检测障碍物，自动调整行驶路线，确保安全运行。AGV的路径通常由磁条、磁钉、二维码、激光反射器或视觉系统等标记，引导其在仓库内精确行驶。它们可以按照预定的路线从一个存储位置移动到另一个存储位置，自动装载和卸载货物。AGV还可以与仓库管理系统（WMS）集成，接收任务指令并报告任务状态，进一步优化作业流程。AGV在仓库内自动行驶，不仅减少了人力搬运的时间和成本，还显著提高了作业效率。它们能够24小时不间断工作，不受疲劳和工作环境的限制，确保高效的物流运转。此外，AGV的使用降低了人工搬运带来的潜在风险和错误，提高了货物搬运的安全性和准确性。

通过应用AGV，企业可以优化仓库布局，减少通道空间，提高存储密度。同时，AGV的灵活性和可扩展性使其能够适应不同规模和复杂度的仓储环境，从而在提高仓库运营效率的同时，降低运营成本。

（二）自动存取系统（AS/RS）

自动存取系统（Automated Storage and Retrieval System，AS/RS）是仓库自动化的重要组成部分，利用机械手和升降设备实现货物的自动存取，在现代仓储管理中发挥着关键作用。AS/RS系统通过立体化的仓储布局，显著提高了仓库的空间利用率。传统仓库通常需要宽敞的通道供人或叉车通行，而AS/RS系统利用垂直空间和紧凑的货架设计，允许机械手和升降设备在狭窄的通道中高效运作，从而实现高密度存储，节约仓储成本。这种设计使得仓库的每一寸空间都得到了最大限度的利用，系统可以自动选择最优的存储位置，根据货物的尺寸、重量和存取频率动态调整存储策略，不仅提高了存储容量，还减少了库存周转时间和运营成本。

AS/RS系统采用先进的机械手和升降设备，能够快速、准确地存取货物。机械手通过预先设定的路径和精确的控制系统，可以在极短的时间内完成货物的存取任务，升降设备则可以在多层货架之间自由移动，迅速将货物运送到指定位置。这种高速、高精度的存取能力，大大缩短了作业时间，提高了仓库的运营效率。自动化设备进行货物存取，极大地减少了人为操作中的错误，确保每一件货物都能被准确存放和取出，从而避免了由于人工操作失误导致的货物丢失、混淆或损坏。自动化系统还记录每一次存取操作的详细信息，提供完整的审计追踪，进一步提高了仓库管理的透明度和准确性。AS/RS系统减少了人工参与，降低了工人在高强度、重复性和危险性操作中的风险。自动化设备可以在高温、低温、有毒或危险环境中工作，保护工人的安全。系统配备了防碰撞传感器和紧急停止按钮等各种安全措施，确保设备运行的安全性。通过采用AS/RS系统，企业可以显著减少仓库操作所需的人工数量，降低人力成本。自动化设备可以连续24小时不间断运行，提高仓库的整体效率，节省下的人力资源可以被重新分配到其他增值活动中，如客户服务和质量控制，进一步提升企业的综合竞争力。AS/RS系统通常与仓库管理系统（WMS）集成，形成一个完整的智能化管理平台。WMS可以实时监控和调度AS/RS系统，优化存取路径和操作流程，提高系统的整体效率。通过数据分析和智能算法，系统可以预测库存需求，制订合理的补货计划，确保库存水平的合理性和及时性。AS/RS系统具有高度的可扩展性和灵活性，能够根据企业的发展需求进行扩展和调整，无论是增加存储容量，还是调整存储策略，AS/RS系统都可以通过软件和硬件的升级和配置，轻松实现适应性变化，满足不同规模和类型企业的需求。

作为仓库自动化的重要组成部分，AS/RS系统通过利用机械手和升降设备实现高效的货物存取，显著提升了仓库的空间利用率、运营效率和管理水平。通过减少人为错误、提高安全性和节约人力成本，AS/RS系统为企业带来了显著的经济效益和竞争优势。随着技术的不断发展和创新，AS/RS系统将在未来的仓储管理中发挥更加重要的作用，推动仓储行业向智能化、自动化方向持续发展。

（三）物联网（IoT）

物联网技术通过部署各种传感器和设备，实现了仓库内物品、设备和环境的实时监控和数据采集。这些传感器包括RFID标签、温度传感器、湿度传感器、光照传感器、震动传感器和位置传感器等，它们能够提供仓库内货物的实时位置、状态和环境参数。通过无线网络，这些传感器持续将数据传输到中央管理系统，形成一个全面的监控网络。管理人员可以实时获取和分析这些数据，从而进行科学决策和优化管理。例如，RFID标签和读写器的结合可以精确跟踪每件货物的动态位置，确保库存管理的准确性。温度和湿度传感器可以维护适宜的环境条件，特别是对于需要特定储存环境的物品，如食品和药品，确保其质量和安全。设备监控传感器可以实时报告自动导引车（AGV）、堆垛机和传送带等设备的运行状态，提供故障预警和维护建议，确保设备高效运行。综合这些数据，管理系统能够进行大数据分析和预测，优化仓库布局、库存管理和设备维护计划，显著提高仓库运营效率和管理水平。物联网技术的应用，使仓库管理更加智能化和高效，为现代仓储物流带来了巨大的创新和价值提升。

（四）射频识别（RFID）

RFID技术通过无线射频信号自动识别物品标签，实现货物的自动跟踪和管理。RFID标签可以嵌入货物或托盘中，系统通过RFID读写器实时读取货物信息，极大地提升了仓库货物的可视化和追溯能力。当货物进入仓库时，RFID读写器能够立即扫描并记录其信息，包括产品ID、批次号、入库时间和存放位置等，这些信息被自动上传到仓库管理系统（WMS）。在货物存储期间，RFID读写器可以定期扫描更新货物状态，实时监控库存变化，确保库存数据的准确性和及时性。当需要出库时，系统能够快速识别并定位目标货物，指导仓库人员或自动化设备进行准确拣选和搬运。RFID技术的应用使仓库能够实时跟踪每件货物的动态位置，轻松进行库存盘点，减少人工操作带来的错误和时间消耗。RFID技术还支持多点同步读取，使得大量货物在短时间内被快速识别，大大提高了仓库的运营效率和管理水平。通过这种自动化的货物识别和管理方式，企业能够实现高效的库存控制和精细化管理，进一步优化仓库运作流程，降低运营成本。

（五）仓库管理系统（WMS）

仓库管理系统（WMS）是自动化仓库的核心软件，负责协调和管理仓库的各项作业。WMS系统能够自动生成作业计划，合理调度设备和人员，确保各项任务有序进行。通过实时监控作业进度，WMS系统可以迅速发现并解决潜在问题，确保仓库运作的高效和顺畅。该系统还能够提供详尽的作业数据分析和报表，帮助管理人员深入了解仓库运营状况，从而做出科学的决策。通过优化资源配置和流程管理，WMS系统显著提升了仓库的管理水平和作业效率，使仓库能够更灵活地应对市场需求和运营挑战。

三、应用

（一）库存管理

自动化仓库系统能够显著提升库存管理效率，通过实时监控库存状态和自动更新库存信息，实现精确和及时的库存控制。利用传感器、RFID技术和仓库管理系统（WMS），每一件货物的存储位置、数量和状态都可以实时被跟踪和记录，确保库存数据的准确性。这样，自动化系统大幅减少了传统人工盘点所需的时间和人力成本，消除了烦琐的手动记录和计算过程。

系统能够及时发现库存异常情况，例如库存量过低、货物过期或存储位置错误等，并立即发出预警，提醒管理人员采取相应措施。通过实时数据分析，系统还可以识别库存结构中的问题，提供优化建议。例如，自动化仓库系统可以分析销售和库存数据，预测未来需求，制订合理的补货计划，确保热门商品及时补货，减少库存积压和缺货现象。自动化仓库系统能够动态调整库存策略，根据季节性变化、市场需求波动和销售趋势，灵活调整库存水平和存储布局。通过优化货物的存储和流转路径，系统可以最大限度地利用仓库空间，提高存储密度和运作效率。自动化系统的精确控制和智能管理，使得企业能够更高效地管理库存，降低库存持有成本，提升客户满意度和市场响应速度。整体而言，自动化仓库系统通过实时监控和智能管理，实现了库存管理的高效、准确和灵活，大大提高了仓库运营的整体效率和效益。

（二）订单处理

在订单处理环节，自动化仓库系统能够快速、准确地完成订单拣选、包装和配送作业。系统根据订单信息自动生成拣选计划，智能调度自动导引车（AGV）和自动存取系统，实现高效的订单处理。通过精确的拣选和包装流程，自动化仓库系统确保每个订单都能及时准确地完成，从而大幅提升客户满意度。系统的高效运作不仅减少了人为错误和操作时间，还优化了资源配置，确保仓库在高峰期也能保持顺畅的订单处理能力。

（三）物流配送

自动化仓库系统在物流配送中显著提高了货物的分拣和装载效率。通过先进的自动化设备，如分拣机、传送带、自动导引车（AGV）和机器人，系统能够迅速、准确地对货物进行分类和装载。结合信息系统，仓库管理系统（WMS）实时处理订单信息，自动生成分拣和装载计划，确保每一件货物都按照最佳路径和时间进行操作。这种自动化的分拣和装载方式，极大地优化了物流配送流程。自动化设备能够全天候高效运行，避免了人工操作中的错误和延误，从而减少了配送时间和成本。系统的高精度分拣和装载能力，确保了货物在最短的时间内完成处理，提高了物流的整体效率。自动化仓库系统能够实时跟踪货物的配送状态。通过RFID、GPS和其他物联网技术，系统可以持续监控货物的位置、运输进度和环境条件等。管理人员和客户可以通过信息系统获取精准的物流信息，包括货物的实时位置、预计到达时间以及任何异常情况。这种透明的物流信息服务，不仅提高了客户满意度，还增强了物流管理的可控性和反应速度。

通过自动化设备和信息系统的协同运作，自动化仓库系统在物流配送中的应用，实现了货物的高效分拣和装载，优化了配送流程，显著减少了时间和成本。系统的实时跟踪和精准信息服务，进一步提升了物流的可靠性和客户体验。整体而言，自动化仓库系统为现代物流配送带来了革命性的改进，推动了物流行业向智能化、高效化方向发展。

（四）质量控制

自动化仓库系统能够实现对货物质量的全程监控，通过传感器和物联网技术，实时监测货物的温度、湿度等环境参数，确保货物在存储和运输过程中的质量。这些传感器布置在仓库和运输设备的关键位置，能够持续收集环境数据，并通过无线网络将数据传输至中央管理系统。系统能够自动记录和分析这些质量数据，发现潜在的质量问题，例如温度超标、湿度过高等，并及时发出警报提醒管理人员采取必要的措施。

在存储过程中，系统可以根据实时监测的数据，自动调节仓库的环境控制设备，如空调、加湿器和通风系统，保持适宜的存储条件，确保货物的质量和安全。例如，食品和药品等对温湿度敏感的货物，系统能够严格控制其存储环境，防止变质和失效。在运输过程中，安装在运输车辆上的传感器可以实时监测运输环境，确保货物在运输途中的质量不受影响。此外，系统可以自动生成详细的质量报告，记录每一批货物在整个存储和运输过程中经历的环境变化。通过分析这些数据，管理人员可以识别出潜在的质量风险，优化仓储和运输流程，提高货物质量管理水平。此外，系统还可以进行历史数据的比对和趋势分析，帮助企业制定更加科学的质量管理策略，预防未来可能出现的质量问题。

通过这种全程监控和智能化管理，自动化仓库系统不仅保障了货物的质量，还提升了整个供应链的透明度和可追溯性，增强了客户对产品质量的信任。同时，自动化系统的应用减少了人工监控的工作量和误差，提高了仓储和物流管理的效率和精确度。整体而言，自动化仓库系统为货物质量管理提供了强有力的技术支持，推动了仓储和物流行业向更加智能化、精准化的方向发展。

（五）安全管理

在安全管理方面，自动化仓库系统通过监控设备和安全系统，实现了仓库内作业的全程监控，并可以有效预防和处理安全事故。系统配备了各种传感器和摄像头，实时监测仓库环境和设备运行状况，能够自动检测安全隐患，如火灾、烟雾、泄漏或设备故障等。一旦发现异常，系统会立即发出警报，并提供详细的安全预警和应急处理方案，指导工作人员迅速采取措施，防止事故扩大。通过这种全面的安全管理，自动化仓库系统不仅保障了人员和货物的安全，还提高了仓库运营的可靠性和效率，确保了作业的连续性和稳定性。

四、优势

（一）提升效率

自动化仓库系统通过自动化设备和信息系统，可以实现仓库作业的自动化和智能化，大幅提升作业效率并减少人力成本。使用自动导引车（AGV）、自动存取系统（AS/RS）、机器人和传送带等自动化设备，系统能够高效执行货物的存储、拣选、包装和运输等任务，消除人工操作的烦琐和不确定性。信息系统，如仓库管理系统（WMS）和仓库控制系统（WCS）能够实时协调和优化设备运行，自动生成作业计划，调度设备和人员，并监控作业进度，确保各环节高效衔接。通过减少人工干预，自动化仓库系统不仅降低了人力成本和操作错误率，还提高了作业的速度和准确性，增加了仓库的处理能力。同时，自动化系统可以24小时不间断运行，进一步提升了仓库的整体效率和响应速度，为企业带来了显著的经济效益和竞争优势。随着技术的不断发展，自动化仓库系统将变得更加智能化和灵活，能满足多样化的业务需求，推动仓储管理向更高水平迈进。

（二）优化空间

自动存取系统（AS/RS）和高密度存储设计通过优化仓库空间利用率，显著提升了存储容量并减少了占地面积。通过充分利用垂直空间和采用紧凑的存储布局，这些系统能够在有限的仓库空间内存放更多货物，同时减少无效空间的占用，从而提高了仓库的整体运营效率和经济效益。

1. 优化空间利用率

（1）垂直存储

自动存取系统（AS/RS）充分利用仓库的垂直空间，将货架高度最大化，实现立体存储。这种方式允许多层货架的使用，极大提升了同一平面上的存储容量。传统仓库依赖人工或叉车操作，货架高度受到限制，难以有效利用垂直空间。而AS/RS系统配备了自动化的堆垛机和升降设备，能够轻松存取高层货物，不仅提高了空间利用率，还减少了操作时间和人力成本。通过优化仓库布局，AS/RS系统使仓库能够容纳更多货物，提升存储密度，同时提高了整体运营效率和经济效益。

（2）窄通道设计

AS/RS系统中使用的自动导引车（AGV）和堆垛机具备在非常狭窄的通

道中运行的能力，不需要为人工操作预留宽阔的通道。这种窄通道设计显著减少了通道占用的空间，使更多的仓库面积得以用于实际存储货物，从而大幅提高了整体存储密度。通过精确的自动化导航和操作，这些设备能够高效、安全地在有限空间内完成货物的存取任务。相比传统仓库依赖人工和叉车的操作方式，AS/RS系统不仅优化了空间利用，还提高了存储效率和作业速度，同时降低了人力和运营成本。这种高密度存储解决方案极大地增强了仓库的容量和经济效益，使其更具竞争力和可持续性。

2. 提高存储容量

（1）紧凑存储布局

高密度存储设计采用了紧凑布局，将货物存储位置安排得更为紧密。自动化设备的精确操作使得货物之间不需要预留过多的空隙，从而增加了单位面积内的存储数量。例如，托盘存储系统中的货物可以以极小的间距排列，最大化存储密度。

（2）动态存储管理

自动存取系统（AS/RS）的智能化功能能够根据货物的存取频率和尺寸动态调整存储位置，优化存储布局。通过这种智能管理，频繁存取的货物被安排在更容易访问的位置，而不常使用的货物则被存放在较远或较高的货架上，从而最大化操作效率。此动态管理方式不仅提高了存储空间的利用率，还缩短了取货和存货的时间，降低了设备和人员的运行负担。系统能够持续监控和分析库存数据，自动调整存储策略以适应变化的需求，确保仓库运营的灵活性和高效性。这种优化使仓库能够以更智能、史高效的方式运作，显著提高了整体的运营绩效和资源利用效率。

3. 减少占地面积

（1）高度集成

自动存取系统（AS/RS）集成了多种存储和搬运功能，减少了对独立设备的需求，从而显著节省了占地面积。例如，AS/RS系统中的堆垛机不仅承担货物的垂直存取任务，还具备水平移动的能力，能够将货物精确运输到指定位置，无须额外的输送设备。这种集成化设计减少了传统仓库中对传送带、叉车等多个设备的依赖，从而优化了仓库布局，使得更多空间可以用于实际存储。堆垛机的多功能性提高了操作的灵活性和效率，缩短了货物存取的时间，同时降低了维护和运营成本。此外，系统的高度自动化减少了人工干预，减少了人为操作错误，提升了整体作业的安全性和可靠性。这种综合集成的方式，不仅优化了空间利用，还提高了仓库的处理能力和响应速度，显著提升了仓储运营的整体效益。

（2）减少无效空间

传统仓库中往往存在大量用于通行、操作和存储预留的无效空间，而高密度存储设计有效地将这些无效空间最小化。自动化设备的精准性和灵活性使得仓库布局更为紧凑，能够在有限的空间内进行高效的货物存取操作。通过使用自动导引车（AGV）和堆垛机等先进设备，不再需要为人工操作预留宽敞的通道，减少了空间浪费。其结果是，更多的仓库面积得以实际用于存储货物，从而提高整体存储密度和效率，同时优化了资源利用，降低了运营成本。

自动存取系统和高密度存储设计通过优化仓库空间利用率，实现了存储容量的提升和占地面积的减少。垂直存储、窄通道设计、紧凑存储布局和动态存储管理等策略，使得仓库能够在有限的空间内存放更多货物，同时减少了无效空间的占用。这些优化不仅提高了仓库的运营效率，还降低了运营成本，为企业带来了显著的经济效益。

（三）提高准确性

自动化设备和信息系统在仓储管理中起到了减少人为错误、提升作业准确性和可靠性的关键作用。通过使用自动导引车（AGV）、自动存取系统（AS/RS）和机器人等自动化设备，货物的存取、搬运和分拣过程变得高度精确。这些设备由先进的导航和控制系统驱动，能够按照预设的路径和程序高效运行，避免了人工操作中可能出现的疏忽和错误。

信息系统［如仓库管理系统（WMS）和仓库控制系统（WCS）］在这一过程中发挥着协调和监控的作用。这些系统能够实时跟踪每件货物的位置、状态和移动路径，确保所有操作都在系统的指令下进行。WMS系统能够自动生成最优的作业计划，指挥自动化设备执行存取和配送任务，避免了人为决策中的错误和延误。信息系统还具备强大的数据处理和分析能力。通过实时监控和数据分析，系统能够快速识别并纠正异常情况，如库存数据不一致、设备故障等，确保货物的正确存储和配送。系统的自动记录和追踪功能，使得每一项操作都有据可查，便于审计和溯源，从而进一步提升了作业的透明度和可靠性。

通过减少人为干预，自动化设备和信息系统显著降低了操作中的错误率，确保了货物在存储和配送过程中的准确性和可靠性。这种高效、精确的作业模式，不仅提高了仓库的运营效率，还增强了客户满意度，提升了企业的竞争力和市场响应能力。

（四）增强灵活性

自动化仓库系统具有高度的灵活性，能够根据需求快速调整作业流程和设备配置，适应不同的业务需求和市场变化。

1.快速调整作业流程

（1）动态任务分配

自动化仓库系统能够根据实时订单和库存数据，动态调整作业任务，确保高效执行每个任务。仓库管理系统（WMS）可以实时生成和优化拣选、存取、包装和配送计划，通过精密的算法和数据分析，系统能够根据订单的优先级、紧急程度和客户需求，灵活调整作业流程。比如，在高峰期，系统叮以优先处理紧急订单，同时优化路径和设备利用率，以最大限度地提高作业效率和准确性。自动导引车（AGV）和堆垛机配合WMS的动态调度，能够快速响应作业计划的调整，减少延误和错误。系统的实时监控和反馈机制还可以识别并解决作业中的"瓶颈"和问题，进一步保证订单处理的高效和快速响应。这种智能化和灵活的作业管理，不仅提高了仓库的运营效率和客户满意度，还增强了企业在市场中的竞争力和适应能力。

（2）灵活路径规划

自动导引车（AGV）和堆垛机等自动化设备具备根据仓库内实时状况调整路径的能力，能够灵活避开拥堵和障碍，从而优化运输路线。借助先进的传感器和导航系统，这些设备可以实时监测仓库环境，动态调整行驶路线，确保货物的高效、安全运输。此外，系统还能够迅速响应仓库布局的变化和紧急任务的需求，例如临时增加的订单或突发的设备故障，从而提高作业效率和安全性。这种灵活性和智能化的路径规划，不仅减少了运输时间和能耗，还提升了整体仓库运营的可靠性和生产力。

2.快速调整设备配置

（1）模块化设计

自动化仓库系统通常采用模块化设计，允许设备和系统组件根据需要灵活组合和扩展。这种设计使得无论是增加存储容量、引入新的自动化设备，还是调整现有设备的位置，系统都可以快速适应变化，从而减少停机时间和调整成本。模块化设计的自动化仓库系统能够通过添加或移除模块来实现快速扩展或重新配置，以应对不断变化的业务需求和市场条件。这样的灵活性不仅提高了仓库的运营效率，还降低了长远的维护和升级成本。企业可以在业务增长时，逐步引入更多的自动化设备，提升存储和处理能力，而不会对现有系统造成重大干扰。同时，在面对季节性波动或市场变化时，仓库还可以迅速调整作业流程和设备配置，以确保持续高效运作。模块化设计的自动化仓库系统通过提供高度的灵活性和可扩展性，为企业在竞争激烈的市场中保持优势提供了有力支持。

（2）软件配置

仓库管理系统（WMS）和仓库控制系统（WCS）具有高度的可配置性，能够根据业务需求灵活调整系统参数和规则。例如，在季节性销售高峰或促销活动期间，系统可以临时调整存储策略、拣选优先级和配送方式，确保仓库运营的连续性和高效性。这种灵活的配置能力使得仓库能够迅速响应市场变化和业务需求，优化资源利用，提高运营效率和客户满意度。

3. 适应不同业务需求

（1）多种作业模式

自动化仓库系统支持多种作业模式，包括批量拣选、订单拣选和波次拣选等。系统能够根据业务类型和订单结构，选择最适合的作业模式，从而提高作业效率和订单准确性。例如，对于电商业务，系统可以采用订单拣选模式，迅速处理单个客户订单，以满足对快速配送的需求。批量拣选模式则适用于大宗商品的集中处理，提高单位时间内的处理量。而波次拣选模式结合了两者的优势，通过分批次处理订单，优化拣选路径和效率。自动化仓库系统通过灵活的作业模式选择，能够根据实时订单数据和业务需求动态调整操作流程，确保高效的订单处理。同时，自动化设备和智能算法的应用，减少了人为错误，提升了订单的准确性和客户满意度。无论是高峰期的大批量订单处理，还是日常运营中的精准高效，自动化仓库系统都能提供卓越的灵活性和适应性，显著增强仓储和物流管理的整体效能。

（2）处理多种货物类型

通过其智能化设计，自动化仓库系统能够处理各种类型的货物，包括不同尺寸、重量和特性的商品。系统根据货物的特性，自动调整存储位置、搬运设备和操作流程，确保货物的安全和高效存储。例如，易碎品被安排在防震区域，冷藏品存放在温控仓库，危险品则置于安全隔离区。这样，根据货物特性的精细化管理，不仅提高了存储和搬运的效率，还大大减少了损坏和安全风险。通过这些措施，仓库系统能够灵活适应多样化的库存需求，为企业提供高效、可靠的仓储解决方案。

4. 适应市场变化

（1）快速扩展能力

具备高度灵活性的自动化仓库系统能够迅速响应市场需求的变化，快速扩展存储和处理能力。通过引入更多的自动化设备和扩展存储区域，系统在短时间内显著提升仓库的处理能力，以应对市场增长和业务扩展的需求。随着市场需求的波动，仓库管理系统（WMS）和仓库控制系统（WCS）可以动态调整设备调度和作业流程，确保高效运作。此外，模块化设计允许仓库在不影响现有操作的情况下，快速安装和整合新设备，从而实现无缝扩展。这种灵活性不仅满足了当前业务的增长需求，还为未来的发展提供了充足的扩展空间，确保仓库能够持续高效地支持企业的运营和战略目标。

（2）数据驱动决策

通过实时数据采集和分析，自动化仓库系统帮助企业及时了解市场动态和客户需求。根据数据分析结果，系统能够迅速调整库存策略、作业流程和资源配置，确保仓库运营的灵活性和适应性，提高市场响应速度。这种数据驱动的方法使企业能够预见需求变化，优化库存管理，减少滞销和缺货现象。同时，灵活的作业调整和资源调度使仓库能够高效应对突发的市场变化和客户需求，提高整体运营效率和客户满意度。

自动化仓库系统的高度灵活性，使其能够根据需求快速调整作业流程和设备配置，以适应不同的业务需求和市场变化。通过动态任务分配、灵活路径规划、模块化设计和数据驱动决策等手段，自动化仓库系统不仅提高了运营效率和安全性，还增强了企业的竞争力和市场适应能力。

（五）数据驱动

实时数据采集和分析能够提供精准的作业数据和管理信息，支持科学决策和优化管理，从而提升仓库运营水平。通过先进的传感器和物联网技术，系统实时监控货物位置、设备状态、环境条件等关键参数，这些数据被及时传输并处理，形成详细的作业记录和运营报告。管理人员可以基于这些实时数据，深入了解仓库的运作情况，识别潜在问题和"瓶颈"，制定更加精准和有效的策略。例如，系统可以根据实时库存数据，优化补货计划和存储布局，确保货物的高效流通和最优存储。此外，分析设备运行状态数据，有助于进行预测性维护，预防设备故障，减少停机时间，保持高效的运营。总体而言，实时数据采集和分析不仅提供了全面、准确的运营洞察，还赋予管理层及时调整和改进作业流程的能力，从而持续提高仓库的运营水平和竞争力。

五、未来发展

（一）智能化

随着人工智能和大数据技术的发展，自动化仓库系统将变得更加智能化，具备自学习和自优化能力，从而显著提升作业效率和管理水平。人工智能算法可以分析大量历史数据和实时数据，识别操作模式和"瓶颈"，自动优化存储布局和拣选路径。此外，机器学习技术使得系统能够自适应调整，根据不断变化的业务需求和环境条件优化作业流程。大数据分析则提供深刻的运营洞察，帮助预测需求和优化库存管理，减少库存积压和缺货现象。通过自学习和自优化，系统不仅能够提高现有作业的效率，还能不断改进和提升自身性能，确保仓库运营始终处于最优状态。智能化的自动化仓库系统将为企业提供更高的灵活性和响应能力，并增强企业竞争力，提升供应链的整体效率和可靠性。

（二）协同化

未来的自动化仓库系统将更加注重与供应链上下游的协同，实现仓储、生产、配送等环节的无缝衔接，全面提高整体供应链效率。通过先进的物联网（IoT）技术和数据共享平台，仓库系统能够实时获取供应链各环节的信息，精确预测需求和调整库存。生产计划可以根据仓库的实时库存和订单情况动态调整，确保生产资源的最佳利用。同时，配送环节可以通过与仓库系统的实时数据同步，优化运输路线和时间安排，减少配送时间和成本。这样的协同运作不仅提高了各环节的运营效率，还增强了供应链的弹性和响应速度，最终提升了整个供应链的可靠性和竞争力。

（三）可持续性

绿色仓储和可持续发展将成为未来自动化仓库的主要发展方向，通过节能减排、资源优化和环境保护，实现仓库运营的可持续发展。自动化仓库将采用高效节能的设备和技术，如低能耗的自动导引车（AGV）、节能型照明系统和智能温控系统，以减少能源消耗。太阳能和风能等可再生能源的利用将进一步降低碳足迹。同时，资源优化管理将通过智能库存系统和精准的需求预测，减少浪费和过剩库存，提升资源利用效率。废弃物管理和循环利用措施也将被强化，确保废物最小化和材料的再利用。此外，自动化仓库将注重环境保护，通过安装空气质量监控系统和实施严格的环境管理标准，减少对周围环境的影响。通过这些综合措施，未来的自动化仓库不仅能实现高效运营，还能达到可持续发展的目标，从而提升企业的社会责任形象和市场竞争力。

仓储管理策略与技术

仓储管理是供应链管理中的关键环节，其策略和技术的优化对提升物流效率和降低运营成本至关重要。通过优化库存管理、存储布局和拣选流程，以及应用自动化设备、信息技术和人工智能，企业可以实现仓储管理的高效化和智能化，进而提高整体供应链的运营效率和响应能力。

一、仓储管理策略

（一）库存管理策略

1. ABC分类管理

根据货物的价值和需求频率，将库存分为A、B、C三类，这种分类方法被称为ABC分类法。通过这种方法，企业可以实现更有针对性的库存管理，提高管理效率和资源利用率。

（1）A类物品

A类物品通常占库存价值的较大部分，但其数量相对较少。这类物品的需求频率较高，是企业收入和运营的关键。因此，对A类物品需要实施重点管理。严格库存控制是关键，通过采用较低的安全库存水平，企业能够减少资金占用，同时确保供应链的连续性，避免断货风险。频繁盘点必不可少，定期进行库存盘点，及时发现和纠正库存差异，确保库存数据的准确性，从而保证库存水平的合理性。优先补货也是管理A类物品的重要措施，通过及时补货，企业可以避免因缺货导致的销售损失和客户不满，保持市场竞争力。详细监控是确保A类物品管理高效的基础，使用先进的技术手段，如RFID和条码系统，实时监控A类物品的库存状态，确保信息的实时更新和准确。这些管理措施的综合应用，能够有效提升A类物品的管理效率，优化资源配置，确保企业运营的稳定和高效。

（2）B类物品

B类物品的价值和需求频率适中，既不像A类物品那样关键，也不如C类物品那样次要。因此，对B类物品采取适度管理是最合适的策略。定期盘点是管理B类物品的重要措施，虽然相比A类物品的盘点频率可以较低，但仍需定期进行，以保持库存数据的准确性，防止库存积压或短缺的情况发生。合理补货策略对于B类物品尤为重要，通过分析需求预测和历史数据，制订科学的补货计划，避免库存过多占用资金或过少影响供应链的稳定。适度监控B类物品同样关键，利用信息系统对其库存进行实时监控，确保能够及时发现库存异常情况，并迅速采取相应措施，保持库存的合理性和稳定性。通过这些综合管理措施，企业可以在保障B类物品供应的同时，优化库存水平，减少运营成本，提高整体仓储管理的效率和效益。

（3）C类物品

C类物品的价值和需求频率较低，占用的资金相对较少，因此管理上可以简化，以节约成本和资源。简化盘点是关键措施之一。由于C类物品的管理需求较低，其盘点频率可以大幅降低，甚至可以采用抽样盘点的方式，这样可以显著减少管理成本和人力投入。较高安全库存策略适用于C类物品。通过适当提高其安全库存水平，企业可以减少频繁补货的需求和管理负担，从而降低供应链中断的风险。基本监控对于管理C类物品也十分重要。主要依赖信息系统自动更新库存数据，减少人工干预，既保证了库存数据的准确性，又降低了人工管理成本。这些简化的管理措施，不仅有效控制了C类物品的库存成本，还确保了库存管理的基本准确性和效率，为企业优化资源配置、提升整体运营效益提供了保障。

（4）整体效益

采用ABC分类法，企业能够集中资源和精力管理A类和B类物品，确保关键物品的供应和库存准确性。同时，对C类物品进行简化管理，减少管理成本和精力投入。这种分类管理方法不仅提高了库存管理的整体效率，优化了资源配置，降低了库存成本，还显著提升了客户满意度和市场响应能力。ABC分类法使企业实现了更高效、更精准的库存管理，增强了供应链的竞争力和可持续性。

2. 安全库存策略

设置安全库存水平是确保企业在需求波动或供应链中断时能够维持正常运营的一项关键策略。安全库存作为缓冲存量，能够在突发事件或不可预测的市场变化中提供额外保障，防止因缺货导致的销售损失和客户流失。

安全库存水平的设置需要基于详细的需求预测和供应链分析。企业应考虑历史销售数据、市场趋势、季节性变化以及供应商的交货可靠性等因素，综合评估可能的需求波动和供应链风险。通过精确地计算，企业可以确定一个适当的安全库存水平，以便在各种情况下保持足够的库存。安全库存能够显著降低缺货风险。在正常运营过程中，需求往往存在不确定性，而供应链也可能面临诸如运输延误、生产中断等问题。适当的安全库存可以确保在这些情况下仍然有足够的库存满足客户需求，从而避免因缺货导致的订单取消和客户不满。安全库存有助于提高客户满意度。客户期望能够及时获得所需产品，任何供应短缺都会影响他们的购买体验。通过保持一定的安全库存，企业能够更好地应对突发需求和供应中断，确保客户在需要时能够得到及时的服务和产品。这种可靠性和响应速度提升了客户对企业的信任和满意度，进而增强了客户忠诚度和品牌形象。虽然保持安全库存会增加一定的库存持有成本，但其带来的保障和市场竞争力提升远远超过这些成本。企业在设置安全库存时应权衡库存成本与缺货风险，通过优化库存管理，实现资源的有效配置和运营效率的提升。

设置安全库存水平是一项重要的库存管理策略，通过有效应对需求波动和供应链中断，确保企业的正常运营和客户满意度，最终增强企业的市场竞争力和可持续发展能力。

3. JIT（即时库存）策略

通过精确预测需求和供应，企业可以尽量减少库存，从而降低库存持有成本。这种策略要求企业对市场需求和供应链状况有深入的了解和准确的预测能力。利用先进的数据分析工具和预测模型，企业能够预见未来的需求趋势，合理安排生产和采购计划。高效的信息传递和供应链协同是这一策略成功的关键，通过实时共享和沟通需求、库存和生产信息，各供应链环节能够紧密合作，减少不必要的库存积压。该策略尤其适用于需求相对稳定的企业，可以显著降低库存成本，提高资金周转率，同时减少仓储空间和管理资源的占用。这也需要企业具备高度的灵活性和快速响应能力，以应对潜在的市场波动和供应链中断。精确预测和供应链协同不仅能优化库存管理，还能提高企业整体运营效率和市场竞争力。

（二）存储策略

1. FIFO（先进先出）：按照物品入库顺序出库，即FIFO策略，可以确保库存中的旧货先出库，从而减少库存积压和过期风险。这种策略通过系统化管理，使早期入库的物品优先出库，避免产品因存放时间过长而变质或过期。FIFO策略在食品、药品和其他有保质期要求的行业尤为重要，因为它确保了产品的质量和安全。通过实施FIFO策略，企业不仅可以优化库存周转，降低因产品过期造成的损失，还能提高库存管理的效率和准确性，最终提升客户满意度和企业运营的稳定性。

2. LIFO（后进先出）：LIFO策略适用于某些特定行业，如建筑材料，确保新到货物优先出库。这一策略使得最近采购的物品先被使用或销售，有助于应对价格波动较大的市场环境。通过LIFO策略，企业可以减少因物价上涨导致的成本压力，确保最新采购的库存能够快速周转，从而降低库存持有成本和贬值风险。在建筑材料行业，LIFO策略可以帮助企业有效管理库存，保持市场竞争力和盈利能力。

3. 交叉存放：将不同种类但常同时出库的物品放在一起存放，可以减少拣货时间，提高拣选效率。这种策略通过优化仓库布局，使拣货人员在处理订单时能够快速找到所需物品，减少在仓库中来回走动的时间，从而加快拣选速度。这种方法不仅提高了作业效率，还改善了订单处理的准确性和及时性。

（三）拣选策略

1. 单一订单拣选：针对单个订单进行拣选，即单一订单拣选策略，适用于订单量小、品种多的情况。在这种策略下，拣货人员一次只处理一个订单，按照订单清单逐项拣选所需物品。这种方法可以确保每个订单的准确性，减少混淆和错误的可能性。单一订单拣选特别适合处理定制化需求或高价值、复杂的订单，尽管相对耗时，但能够提供更高的精确度和客户满意度，确保每个客户的特定需求都能得到及时准确的满足。

2. 批量拣选：将多个订单合并一起进行拣选，即批量拣选策略，适用于订单量大、品种少的情况，可以显著提高拣选效率。在这种策略下，拣货人员或自动化设备同时处理多个订单中相同或相似的物品，将它们一次性拣选出来，然后再进行分拣和包装。通过减少在仓库中重复走动的次数和路径，这种方法大幅提高了拣选速度和劳动效率。同时，批量拣选还能够降低操作成本，优化资源利用，这是大规模订单处理时的理想选择，有助于提高仓库运营效率和客户订单的及时交付。

3. 波次拣选：将订单分成多个波次进行拣选和出库，通过这种波次拣选策略，可以平衡仓库作业负荷，减少高峰期的压力。该方法将订单按时间段或其他标准分批处理，使仓库在整个工作日内均衡分配任务，避免集中处理大量订单导致的拥堵和延误，从而提高整体拣选效率和出库速度。

（四）区域管理策略

1. 固定存储：在仓储管理中，每种物品均有固定存放区域的策略被称为固定存储。这种策略适用于品种少、变化小的情况，能够极大地简化仓库的管理流程和操作。通过为每种物品指定固定的位置，拣货人员能够迅速定位和获取所需物品，减少寻找和搬运的时间。固定存储不仅提高了拣选效率，还减少了操作中的错误，确保库存数据的准确性和可追溯性。此外，固定存储使得新员工能够更快适应仓库环境，降低了培训成本和时间。同时，这种策略还便于定期盘点和维护，有助于保持仓库的整洁和有序管理。总体而言，固定存储为企业提供了一种高效、可靠的库存管理方法，特别适合于库存稳定且品种较少的企业。

2. 随机存储：物品存放位置灵活的策略，被称为随机存储或动态存储，适用于品种多、变化大的情况。通过根据实时需求和仓库使用情况动态调整物品的存放位置，这种策略能够最大化利用仓库空间。随机存储使得仓库可以灵活应对库存变动和不同类型货物的存储需求，避免了固定存放位置可能导致的空间浪费。系统化的管理和先进的信息技术，如仓库管理系统（WMS），能够准确追踪和记录每件物品的位置，确保高效地拣选和补货操作。这种策略不仅提高了空间利用率，还提升了仓库的运营灵活性和适应能力，使其能够快速响应市场需求和业务变化。

二、仓储管理技术

（一）自动化技术

1. 自动导引车（AGV）：自动导引车（AGV）可以自动搬运货物，显著减少人力需求，提高搬运效率和准确性。通过预设的路径和传感器导航，AGV能够高效、安全地在仓库中运输货物，减少人为错误和操作时间，提高整体物流效率。

2. 自动存取系统（AS/RS）：自动存取系统（AS/RS）利用自动化设备进行货物的存取，能够实现高密度存储和高效拣选。通过机械手和升降设备，AS/RS系统可以精确地将货物存入或取出高层货架，最大化利用垂直空间。这种自动化操作不仅提高了空间利用率，还显著提高了作业效率，减少了人为错误和操作时间，使仓库管理更加高效和可靠。

3. 自动分拣系统：通过传感器和控制系统自动分拣货物，提高分拣速度和准确性，减少人工干预。

（二）信息技术

1. 仓库管理系统（WMS）：仓库管理系统（WMS）提供全面的仓库管理功能，包括库存管理、订单管理、拣选管理等。通过信息化手段，WMS能够实时跟踪库存状态、优化订单处理流程、管理拣选任务，从而显著提升管理效率和准确性。利用WMS，企业可以实现精细化管理和高效的资源配置，减少人工操作错误，确保仓库运作的流畅和高效，最终提升客户满意度和整体运营绩效。

2. 条码和RFID技术：条码和RFID技术在仓储管理中用于货物识别和追踪，能够快速、准确地获取货物信息，从而提高数据采集效率和准确性。条码技术通过扫描条码标签，实现对物品的即时识别和信息录入，简单且成本低廉，适用于各种场景。RFID技术则通过无线射频识别，实现对带有RFID标签物品的远距离读取和批量识别，不需要目视接触标签，且能够在更复杂的环境中高效工作。两种技术的结合使得仓库能够实时更新库存信息、追踪货物流向、提高拣货和补货效率，同时减少人为操作错误和库存差异。这种高效的识别和追踪系统不仅优化了仓储管理流程，还增强了供应链的透明度和可追溯性，提高了整体运营的准确性和可靠性。

3. 物联网（IoT）技术：通过传感器和智能设备，仓库能够实现对环境、设备和货物的实时监控和管理，从而提高智能化水平。这些传感器可以监测温度、湿度、光照和震动等环境参数，确保存储条件的最优化；对设备的运行状态进行实时监控，预防故障并优化维护。此外，智能设备与物联网技术的结合，能够精确追踪货物的位置和状态，自动更新库存信息，提高作业效率和准确性。整体而言，这种智能化管理系统不仅优化了仓储运营流程，还提高了管理的精确性和响应速度，显著增强了仓库的整体效能和竞争力。

（三）人工智能和大数据技术

1. 预测分析：利用大数据和人工智能技术进行需求预测，可以显著优化库存策略，减少库存积压和缺货现象。通过分析大量的历史销售数据、市场趋势和消费者行为，人工智能算法能够精准预测未来的需求变化，为企业提供科学的库存管理建议。这种智能预测不仅能帮助企业制订更准确的采购和补货计划，避免过多库存积压造成的资金浪费，还能确保关键物品的及时供应，避免缺货导致的销售损失。整体而言，基于大数据和人工智能的需求预测提高了库存管理的精准性和效率，增强了企业的市场响应能力和竞争力。

2. 智能优化：利用算法优化仓库布局、拣选路径和作业流程，可以显著提高仓库运作效率。智能算法能够分析仓库的空间利用、物品存放位置和拣选频率，生成最优布局方案，减少不必要的移动和操作时间。优化拣选路径使得拣货人员或自动化设备能够以最短距离和时间完成拣选任务。改进作业流程，确保各环节高效衔接，最大化资源利用和作业效率。通过这些优化措施，仓库运营变得更加高效、灵活和精准，且能够满足快速变化的市场需求。

3. 机器学习：机器学习算法通过分析历史数据和实时数据，自适应地优化仓库管理策略，从而提高决策质量。此技术能够持续学习和调整，根据不断变化的库存情况、市场需求和操作模式，优化存储布局、补货计划和拣选路径。智能算法的应用使得仓库管理更加精准和高效，减少了人为决策的误差，提高了运营的整体效能和灵活性。

（四）绿色仓储技术

1.节能设备：通过采用低能耗设备，如节能灯具和高效制冷设备，仓库能够显著减少能源消耗。这些设备不仅在使用过程中更为节能，还具有更长的使用寿命和更高的性能效率。节能灯具在提供充足照明的同时，降低了电力消耗；高效制冷设备则在保持适宜存储温度的同时，减少了制冷能源的使用。整体而言，这些低能耗设备的应用，有助于仓库运营实现环保节能的目标，降低运营成本，并促进可持续发展。

2. 可再生能源：利用太阳能、风能等可再生能源，仓库能够减少对传统能源的依赖。这不仅有助于降低运营成本，还促进了环境保护和可持续发展。

3. 废物管理：加强废弃物回收和处理，仓库能够有效减少环境污染，实现绿色仓储。通过系统化的回收和分类处理措施，将可回收材料进行再利用，减少垃圾填埋和焚烧带来的污染。此外，严格管理有害废弃物的处理过程，确保符合环保法规，有助于维护生态环境。整体而言，这些绿色仓储举措不仅提升了企业的环境责任感，还优化了资源利用，推动了企业的可持续发展。

仓储管理策略与技术的优化，是提高仓储效率和降低运营成本的关键。通过采用先进的管理策略，如ABC分类管理、FIFO和JIT策略，以及应用自动化技术、信息技术、人工智能和绿色仓储技术，企业能够实现仓储管理的智能化、精细化和可持续发展。这不仅提高仓库的运营效率和服务水平，还增强企业的市场竞争力和可持续发展能力。

4

运输管理的效率与挑战

运输方式的优化

运输方式的优化在供应链管理和物流运营中起着至关重要的作用，对提升整体效率、降低运营成本以及减少环境影响具有显著成效。通过合理配置运输资源、优化运输路径和选择适宜的运输工具，企业可以实现更高效的物流运作。这种优化不仅提高了货物的运输速度和可靠性，还减少了能源消耗和碳排放，推动了环保和可持续发展目标的实现。

一、多式联运

多式联运是指在一次运输过程中，将两种或两种以上的运输方式结合使用，以实现货物的高效运输。通过整合不同运输方式的优势，多式联运能够优化整个运输流程，提高效率，降低成本，并减少环境影响。常见的多式联运组合包括铁路与公路、海运与铁路、空运与公路等。

（一）多式联运的实现

1. 结合铁路运输与公路运输

铁路运输适合长距离、大批量货物的运输，具有运量大、成本低、环保性好的优点，但灵活性较低，无法实现"门到门"服务。公路运输则具备高度灵活性，适合短距离、点对点的运输，但成本较高、运量较小。通过将铁路运输与公路运输相结合，可以发挥两者的优势，实现端到端的运输优化。例如，货物可以先通过铁路运输到达城市的铁路货运站，然后通过卡车将货物从货运站运送到最终目的地。这样一来，不仅可以充分利用铁路运输的成本效益和环保优势，还能利用公路运输的灵活性，实现高效的"最后一公里"配送。通过这种多式联运的方式，企业能够大幅降低运输成本、减少货损货差、提升运输效率，同时降低碳排放，促进可持续发展。这种组合方式尤其适用于在广泛地理区域内进行大规模配送的行业，如制造业、零售业和国际贸易，从而增强供应链的整体效能和竞争力。

2. 减少中间环节的装卸次数

多式联运能够显著减少中间环节的装卸次数，从而降低货物在装卸过程中的损坏风险和货差风险。这种运输方式通常使用集装箱进行货物运输，集装箱的标准化设计使其能够在不同的运输方式之间无缝转换，无须频繁地装卸操作。

（1）减少装卸次数

在传统的单一运输方式中，货物往往需要在不同的运输节点进行多次装卸，比如从卡车卸载到仓库，再从仓库装载到火车或轮船。在每一次装卸过程中，货物都可能遭受损坏或丢失的风险。多式联运系统通过使用集装箱，使得货物能够在初始装载后一直保持在集装箱内，直到最终目的地。在运输过程中，无论是从卡车到火车，还是从火车到轮船，集装箱都可以直接转移，避免了货物的重复装卸。

（2）降低货损和货差风险

每一次装卸操作都会增加货物损坏和丢失的可能性。多式联运系统通过减少装卸次数，从而显著降低了货物在运输过程中的风险。集装箱的使用不仅为货物提供了有效保护，还确保货物在整个运输过程中始终处于封闭状态，减少了因环境因素、碰撞和人为操作造成的损坏。由于集装箱在不同运输方式之间可以直接转换，无须频繁地拆卸和重新装载，这大幅降低了货物丢失的风险。货物每一次从一个容器转移到另一个容器时，都会增加丢失或误置的风险，因此减少这些中间环节，可以确保货物从出发到目的地的安全性和完整性。此外，集装箱的标准化设计和强固结构，能够适应各种运输条件，包括海运的颠簸、铁路运输的震动以及公路运输的碰撞，进一步保障了货物的安全。整体而言，多式联运系统通过优化装卸流程，不仅提升了运输效率和安全性，还为客户提供了更可靠的服务体验，增强了供应链的稳定性和可持续性。

（3）提高运输效率

减少中间环节的装卸次数直接提高了运输效率。集装箱在各个运输节点之间的快速转移，减少了等待和处理时间。传统运输方式中，货物在每个节点的卸载、分类和再装载都需要耗费大量时间。而多式联运系统通过简化这些步骤，加快了整个运输过程。这样一来，货物可以更快地到达目的地，缩短了运输周期，提高了供应链的响应速度。

（4）增加运输的安全性和可靠性

集装箱运输不仅保护了货物，还显著提高了运输的安全性和可靠性。集装箱的封闭性确保货物在运输过程中免受外界环境的影响，如天气、污染和温度变化等，有效保持货物的质量。此外，集装箱通常配有锁具和封条，防止未经授权的访问和篡改，进一步提高了货物的安全性。为了增强运输的透明度和可靠性，现代集装箱运输还采用了先进的实时跟踪和监控技术，通过GPS、RFID和物联网设备，提供精确的位置信息和状态监控。这样不仅让运输公司能够及时掌握货物的动向，快速响应任何异常情况，还能向客户提供透明的物流信息，增强他们的信任和满意度。集装箱运输的这些优势，不仅降低了货物损坏和丢失的风险，还优化了整个物流过程，提高了运输效率和服务质量，推动了全球贸易和供应链管理的现代化发展。

（5）适应性强

多式联运系统的集装箱标准化设计，使其能够适应多种运输方式，包括公路、铁路、海运和空运等。无论是通过卡车运输到铁路货运站，再通过铁路运输到港口，还是通过海运跨越大陆，集装箱都可以在不同的运输方式之间自由转换。这种灵活性使得多式联运能够应对复杂的运输需求和变化多端的物流环境，提供高效的物流解决方案。

通过减少中间环节的装卸次数，多式联运降低了货物在运输过程中的损坏和丢失风险，同时提高了运输效率和安全性。集装箱的使用在多式联运系统中发挥了关键作用，确保货物在运输全程中的安全和高效转移。这一运输方式不仅优化了物流过程，还增强了供应链的可靠性和灵活性，为企业提供了更加高效、经济和环保的运输解决方案。

（二）多式联运的优势

1. 降低运输成本

优化运输方式的组合，多式联运能够显著降低运输成本。例如，利用铁路的低成本进行长距离运输，再结合公路的灵活性进行短距离配送，可以最大限度地节约运输费用。这种组合方式不仅充分利用了各自的优势，还有效减少了中间环节的装卸次数，从而降低了货物损坏和丢失的风险，进一步减少了额外的赔偿和补货成本。此外，多式联运通过集装箱化的运输方式，提高了装卸效率和货物的安全性，使得整体物流过程更加顺畅和可靠。由此带来的运输成本降低，不仅提升了企业的运营效益，还增强了其市场竞争力和服务质量。

2. 缩短运输时间

多式联运通过优化运输路径和方式，减少中间环节的延误，能够显著缩短运输时间。货物在不同运输方式之间的快速转换，使得运输流程更加流畅，从而提高整体运输效率。例如，在国际贸易中，通过海运将货物运到目的港口后，再通过铁路和公路进行内陆运输，可以比单一运输方式更快地将货物送达目的地。这种高效的运输方式不仅减少了等待时间和中转环节的复杂性，还确保了货物在整个运输过程中保持高效流动，最终为企业和客户带来了更及时的交付体验。

3. 提高运输效率

利用不同运输方式的优势，使得整个运输系统更加高效。铁路和海运适合大批量货物的长距离运输，其能够以较低的成本和较高的环保效益进行大规模货物的跨境或跨洲运输。公路和空运则适合小批量货物的短距离快速运输，提供了灵活性和快速响应能力，可以确保货物在较短时间内到达最终目的地。通过合理组合这些运输方式，货物可以以最优的方式运达目的地，减少了单一运输方式的局限性和缺陷，提高了整体运输效率。此外，这种组合还能够适应复杂多变的物流需求，优化资源配置，降低总体运输成本，提升供应链的稳定性和响应速度，最终为企业提供更高效、经济和可靠的运输解决方案。

4. 减少环境影响

多式联运能够显著减少运输过程中对环境的影响。铁路和海运等运输方式的单位能耗和排放量较低，通过增加这些运输方式在多式联运中的比例，可以有效降低整体碳排放。此外，减少中间环节的装卸次数，不仅提高了运输效率，还减少了能源消耗和环境污染。这种优化的运输模式不仅符合环保和可持续发展的要求，还能够帮助企业在降低运输成本的同时履行社会责任，提升企业的绿色形象和竞争力。

（三）多式联运的应用案例

1. 国际贸易

在国际贸易中，多式联运得到了广泛应用。货物可以通过海运从一个国家运到另一个国家的港口，然后通过铁路或公路进行内陆运输。例如，从中国的上海港出发的货物，通过海运到达欧洲的鹿特丹港，再通过铁路运输到德国，然后通过卡车配送到具体的客户地址。这种运输模式充分利用了海运的成本效益和长距离优势以及铁路和公路运输的快捷性和灵活性，实现了高效、经济的跨国物流解决方案。减少了中间环节的装卸次数，降低了货损风险和运输成本，提升了整体运输效率和可靠性。

2. 国内物流

在国内物流中，多式联运也发挥着重要作用。例如，矿产资源可以从内陆矿区通过铁路运输到沿海港口，然后通过海运出口到其他国家。这种方式利用铁路的高运量和低成本优势，将大批量矿产高效运送到港口，再通过海运的长距离运输能力，将其运往国际市场。此外，消费品则可以通过海运进口到沿海城市的港口，然后通过公路运输到内陆城市的仓库和销售网点。这种方式利用海运的经济性，将大批量货物运抵国内，再通过公路的灵活性和快捷性，从而实现快速配送到各地的目的。这种多式联运模式不仅提高了物流效率，降低了运输成本，还减少了中间环节的货损和延误风险，确保了供应链的连续性和可靠性。通过整合不同运输方式的优势，多式联运为国内物流体系提供了高效、经济和灵活的解决方案，满足了不同类型货物的运输需求，推动了国内贸易和经济的发展。

多式联运通过结合不同运输方式的优势，实现了货物运输的高效化、成本优化和环境友好。其能够减少中间环节的装卸次数，降低运输成本，缩短运输时间，并减少货损和货差。随着全球物流需求的不断增长和技术的进步，多式联运将在未来的供应链管理和物流运营中发挥越来越重要的作用。企业应充分利用多式联运的优势，优化其物流网络，提高市场竞争力和可持续发展能力。

二、运输工具的选择与优化

选择合适的运输工具是优化运输方式的基础，不同运输工具在速度、成本、运力和环保等方面各有优势。公路运输适用于短距离运输，具有高度灵活性，能够实现门到门服务，但运输成本相对较高。铁路运输则适用于中长距离运输，具有运量大、成本低和环保性好的特点，但灵活性相对较低。航空运输适用于高价值、时间敏感的货物，速度最快，但运输成本最高，运量有限。海运和内河运输适用于大宗货物和超长距离运输，运输成本最低，环保性好，但速度较慢，受天气和水路条件影响较大。通过合理选择和组合这些运输工具，企业可以优化运输效率和成本，同时满足不同类型货物的运输需求，提升整体物流运营效益。

三、运输路线优化

通过大数据分析和智能算法，企业可以优化运输路线，减少行驶里程和时间。例如，利用GPS和交通实时数据，避开拥堵路段，选择最佳路线。运输路线的优化不仅提高了运输效率，还减少了燃油消耗和碳排放，有助于环保。

（一）运输路线优化的重要性

运输路线优化在现代物流管理中具有重要意义，通过合理规划和调整运输路线，可以显著提高运输效率、降低成本并减少对环境的影响。随着大数据分析和智能算法的发展，企业可以更精确地进行路线优化，提升整体物流运作的效能。

（二）大数据分析的应用

大数据分析在运输路线优化中起到了至关重要的作用。通过收集和分析大量的历史运输数据、交通信息和客户需求，企业能够识别出影响运输效率的关键因素。例如，分析道路的拥堵情况、交通事故频发地点、道路施工信息等，可以帮助企业预测并规避潜在的运输延误。这种分析不仅能够优化当前的运输路线，还能为未来的运输规划提供宝贵的参考。大数据分析还可以提供货物运输时间和成本的详细记录，使企业能够更好地规划和预算，从而在运输资源的分配和调度上做出更加明智的决策。此外，通过综合分析客户需求和市场趋势，企业可以调整运输策略，满足客户的多样化需求，提高客户满意度和市场竞争力。大数据分析的应用，使得运输管理更加科学和精细，最终提升了整体物流运作的效能和企业的运营效率。

（三）智能算法的作用

智能算法，如机器学习和人工智能技术，在运输路线优化中发挥着重要作用。通过机器学习算法，系统能够从大量的历史数据中学习，并利用这些数据预测最佳的运输路线。这些算法可以识别出运输过程中隐藏的模式和趋势，帮助系统制定更加高效的运输策略。例如，基于历史运输数据和交通信息，机器学习算法可以预测某条道路在特定时间段的交通流量，从而选择在该时间段内避开该道路的替代路线。人工智能技术通过实时分析交通状况，进一步优化运输路径。利用传感器、GPS和交通监控系统，人工智能可以实时获取道路的交通流量、事故情况、施工信息等数据。通过这些实时数据，系统能够动态调整运输路径，避免拥堵和其他交通问题。例如，当系统检测到前方道路发生交通事故时，可以立即重新规划路线，选择最畅通的替代路线，确保货物能够按时送达。强化学习算法在运输路线优化中也扮演着关键角色。这种算法通过不断尝试和调整，可以学习到最优的运输路径选择策略。强化学习算法能够在多种运输路线中进行尝试，评估每条路线的优劣，并逐步优化选择。通过这种不断学习和改进的过程，系统能够在面对复杂多变的交通环境时，找到最优的运输路径。例如，强化学习算法可以根据不同的交通状况、天气条件和时间段，动态调整运输策略，确保每次运输都能够以最高效的方式完成。

智能算法在运输路线优化中发挥了重要作用。机器学习算法通过分析历史数据，能够预测最佳运输路线；人工智能技术通过实时数据分析，动态调整运输路径；强化学习算法通过不断尝试和改进，能够找到最优的运输路径。这些技术的结合，使得运输管理更加智能和高效，不仅提高了运输效率，降低了成本，还提升了客户满意度和企业竞争力。在未来，随着技术的进一步发展和应用，智能算法在运输路线优化中的作用将更加突出，并为企业带来更大的效益和可持续发展能力。

（四）实时数据的整合

利用GPS和交通实时数据，企业可以实现运输路线的动态优化。GPS技术可以提供车辆的实时位置，结合交通实时数据，如交通流量、道路拥堵情况和天气状况，系统能够快速调整运输路线，避免延误。例如，遇到交通拥堵或意外事故时，系统可以自动选择替代路线，确保货物能够按时送达。这种动态优化不仅提升了运输效率和准时率，还减少了燃油消耗和车辆磨损，降低了运营成本。此外，动态优化系统能够实时响应突发情况，如恶劣天气或紧急订单需求，提供灵活的运输解决方案。这种智能化的路线管理方式，使得企业能够在复杂多变的交通环境中保持高效运营，提升客户满意度和市场竞争力。通过整合和分析这些实时数据，企业还可以进一步优化整体运输网络，制定更为精细和科学的物流策略。

（五）提高运输效率

运输路线的优化能够显著提高运输效率，通过多个方面实现全面的提升。

1. 减少行驶里程和时间

优化运输路线的首要目标是选择最短或最畅通的路线，减少车辆的行驶里程和时间。通过利用GPS导航和实时交通数据，企业可以确定当前条件下的最佳路径，避开交通拥堵和施工区域。这样不仅缩短了运输时间，提高了配送的准时率，还减少了燃油消耗和车辆磨损，降低了运营成本。

2. 提高配送准时率和客户满意度

客户期望按时收到货物，准时率是衡量物流服务质量的重要指标。优化运输路线能够确保车辆按计划时间到达目的地，减少延误的可能性，提高配送的可靠性。通过动态调整和优化运输路径，企业能够快速响应交通拥堵、道路施工或天气变化等突发情况，确保货物能够准时送达。准时交付不仅增强了客户满意度，还大幅提升了企业的信誉和市场竞争力。可靠的配送服务建立了客户对企业的信任，促进了长期客户关系的建立和客户忠诚度的提高。此外，优化的运输路线也减少了因延误导致的赔偿和额外成本，进一步提升了企业的运营效率和盈利能力。在竞争激烈的市场环境中，高准时率的配送服务使企业能够脱颖而出，占据更大的市场份额。通过持续优化运输路线，企业不仅实现了高效运营，还在客户服务和市场表现方面取得了显著优势。

3. 降低空载率

优化运输路线和调度计划能够显著降低车辆的空载率。高空载率通常意味着资源的浪费和额外的成本，因此，通过合理的路线规划和配载计划，每辆车在往返过程中都能有效装载货物，最大限度地利用运输能力。提高运力利用率不仅有助于降低每单运输的成本，还提升了整体运营效率。更高效的车辆调度和路线优化，使企业能够以更少的资源完成更多的运输任务，从而减少了无效行驶和空转，提高了物流系统的整体效益。

4. 降低运营成本

优化运输路线不仅减少了燃油和维护成本，还显著降低了人力成本。更高效的路线使得司机能够在更短的时间内完成运输任务，从而减少了工时和加班费用。这不仅提高了司机的工作效率，也减少了因长时间工作而导致的疲劳和事故风险。优化的运输计划可以有效减少车辆的磨损和故障发生率，降低维修和更换频率，从而延长设备的使用寿命。从长远来看，这种优化策略不仅节省了直接运营成本，还降低了因车辆故障和延误带来的间接损失。更可靠的车辆性能和更高效的运输作业，还可以提升整体物流服务质量，增强客户满意度和企业的市场竞争力。通过全面优化运输路线和计划，企业能够实现更高效、经济和可持续的运营模式。

5. 环境效益

减少行驶里程和优化车辆使用，不仅显著降低了运输成本，还大大减少了碳排放和其他污染物的排放。通过精心规划和优化运输路线，企业可以缩短车辆的行驶距离，从而减少燃油消耗。优化车辆使用包括通过高效配载计划确保每次运输的最大化利用，减少空载行驶时间，进一步降低燃油消耗。优化驾驶习惯，如避免频繁急加速和急刹车、保持稳定车速等，也能显著减少燃油使用和排放。这些优化措施能够降低氮氧化物（NOx）、颗粒物（PM）和二氧化碳（CO_2）的排放量，减少对环境的负面影响。通过这些措施，企业不仅能大幅降低其运营成本，还能显著减少碳足迹，履行其环保责任。这种绿色运营策略有助于提升企业的绿色形象，增强其在市场中的竞争力和声誉。客户和合作伙伴越来越重视环境可持续性，对绿色运营企业的偏好将进一步推动企业的发展。因此，减少行驶里程和优化车辆使用不仅对企业本身有利，还对社会和环境具有积极意义。

6. 数据驱动的决策

利用大数据分析和智能算法，企业可以在运输路线优化中做出数据驱动的决策。通过收集和分析大量的历史运输数据和实时信息，系统能够识别出影响运输效率的关键因素。比如，通过分析历史交通数据，系统可以发现哪些道路和时间段容易出现拥堵，从而避开这些拥堵时段和路段，选择更畅通的替代路线。

智能算法，特别是机器学习和人工智能技术，可以实时处理和分析这些数据，动态调整运输策略。例如，系统可以结合GPS数据和交通实时信息，实时监控车辆的位置和路况。当系统检测到前方道路拥堵或有交通事故时，可以立即重新规划路线，确保货物能够按时到达目的地。数据分析还能够帮助企业识别潜在的问题。例如，通过分析事故数据，系统可以识别出高事故风险区域，提前采取措施，如选择替代路线或加强司机的安全培训。通过对运输过程中的问题进行深度分析，企业可以不断改进和优化运输网络，提升整体运输效率。数据驱动的决策不仅可以提高运输效率，还可以显著降低运输成本。通过选择最佳路线，企业可以减少燃油消耗和车辆磨损，降低运营成本。优化后的运输策略还能减少延误和货损，提升客户满意度和企业的竞争力。

利用大数据分析和智能算法，企业能够持续改进运输路线和策略，确保始终选择最佳路径，实现高效、经济和安全的物流运营。同时，这种数据驱动的方法促使企业拥有了宝贵的洞察力，帮助其在不断变化的市场环境中保持竞争优势。

7. 实际应用案例

（1）零售配送

一家大型零售企业通过优化其配送路线，显著提高了运输效率。利用实时交通数据和智能算法，企业能够动态调整配送路线，避开拥堵路段，选择最优路径，从而减少配送时间。这种动态优化不仅能提升物流效率，还能确保货物准时送达，极大地提升了客户满意度。优化后的配送系统减少了燃油消耗和运营成本，同时提高了企业的市场竞争力和服务质量。

（2）物流公司

一家物流公司通过优化卡车的运输路线，成功降低了空载率并提高了运力利用率。通过精确的路线规划和智能调度系统，卡车在往返过程中能够最大限度地装载货物，避免了空车行驶。优化后的运输方案使得运营成本下降了15%，同时运输效率提高了20%，显著提升了公司的整体运营效益和服务水平。

（3）快递服务

一家快递公司采用先进的路线优化系统，确保快递员始终选择最优路径。通过减少行驶里程和时间，该公司显著提升了准时交付率和客户满意度。优化系统通过实时数据分析和智能算法，动态调整配送路线，避免交通拥堵和其他延误因素，从而提高了配送效率，降低了运营成本，并为客户提供了更可靠和更高效的服务。

运输路线的优化通过选择最短或最畅通的路线，显著提高了运输效率。减少行驶里程和时间，提高了配送准时率和客户满意度，优化路线还降低了车辆空载率，提高运力利用率，降低了运营成本。全面的路线优化，不仅提升了企业的经济效益，还促进了环境保护和可持续发展。通过数据驱动的决策和持续改进，企业能够在激烈的市场竞争中保持领先地位。通过减少燃油消耗和碳排放优化运输路线不仅可以提高效率，还对环境保护有积极影响。减少行驶里程和时间，直接降低了燃油消耗，从而减少了运输过程中的碳排放。通过避免拥堵路段和减少怠速时间，车辆能够更加高效地运行，进一步减少有害气体的排放。这样的环保措施不仅符合企业的社会责任，还能够提升企业的绿色形象和市场竞争力。

通过大数据分析和智能算法，企业可以实现运输路线的优化，减少行驶里程和时间。利用GPS和交通实时数据，系统能够避开拥堵路段，选择最佳路线，不仅提高了运输效率，还减少了燃油消耗和碳排放，有助于环保。运输路线优化是一项综合性工程，需要结合数据分析、智能算法和实时监控等多方面技术，才能实现最佳效果。通过这种方式，企业能够在提高经济效益的同时履行社会责任，并推动企业的可持续发展。

四、装载优化

合理的装载计划在物流运输中至关重要，可以显著提高运输工具的利用率，减少运输成本。通过优化装载顺序和位置，企业能够最大化利用货物空间，避免空载和超载现象，实现高效运输。

（一）提高运输工具利用率

合理的装载计划能够确保运输工具的每一寸空间都得到充分利用。通过科学的装载规划，企业可以在每次运输中装载更多的货物，减少空载，从而提高运输工具的利用率。例如，采用三维装载软件，可以进行精确的货物排列和堆叠模拟，使得货物在车厢、集装箱或货舱中能够以最紧凑、稳定的方式摆放。这种优化不仅提高了装载效率，还减少了货物在运输过程中因移动或碰撞而导致的损坏风险。此外，合理的装载计划还会考虑到货物的重量分布和重心位置，以确保运输工具在行驶过程中保持平衡，减少因重心不稳而引发的安全隐患。通过优化装载顺序，企业还可以提高装卸效率，减少装卸时间和人力成本，实现更高效的物流运作。整体而言，科学的装载规划不仅提高了运输效率和安全性，还降低了运营成本，增强了企业的物流管理能力和市场竞争力。

（二）降低运输成本

优化装载计划，企业能够显著降低运输成本。合理的装载规划因减少了所需运输工具的数量，从而降低了燃油消耗、维护费用和人工成本。例如，优化装载顺序确保货物在装卸过程中更加便捷，减少了装卸时间和劳动力需求。此外，避免超载现象防止因超载导致的罚款和设备损坏，进一步降低了运营成本。合理分配货物的重量和体积，使得运输工具在行驶过程中保持平衡和稳定，减少了运输过程中的安全隐患。精确的货物排列和堆叠模拟还能最大限度地利用运输工具的空间，提高装载效率和运输工具的利用率，最终实现成本的有效控制和资源的最优配置。

（三）优化装载顺序和位置

装载顺序和位置的优化对于实现高效运输至关重要。科学安排货物的装载顺序可以确保在卸货时无须多次移动其他货物，从而减少装卸时间。例如，采用先进的三维装载软件，可以模拟不同货物的装载方案，确保货物的重量和体积分布均匀，避免因重心不稳导致的运输风险。这样的优化不仅提高了运输安全性，还能显著提高运输效率。通过合理规划装载位置，货物能够以最紧凑、稳定的方式摆放，最大限度地利用运输工具的空间，减少运输过程中货物的移动和碰撞。这种优化方法提高了装载效率和运输工具的利用率，同时减少了因不当装载导致的货物损坏风险，最终提升了整体物流运营的效能和安全性。

（四）避免空载和超载现象

合理的装载计划能够有效避免空载和超载现象。通过优化货物的装载位置，企业可以确保每辆运输工具在出发时都装满货物，最大限度地利用运输能力。同时，通过精确计算货物的重量和体积，企业可以避免超载现象，确保运输工具在安全负荷范围内运行。这样的规划不仅提高了运输工具的利用率，还减少了因超载导致的安全隐患。

在物流运输中，优化装载顺序和位置发挥着重要作用。企业通过最大化利用货物空间，避免空载和超载现象，显著提高了运输工具的利用率，并减少了运输成本。采用先进的三维装载软件，进行科学的装载模拟和优化，确保每一辆运输工具都能达到最佳装载状态。通过这种方式，不仅提高了物流效率和经济效益，还提升了运输安全性和客户满意度。

五、信息化和智能化管理

信息化和智能化技术在现代物流管理中扮演着关键角色，通过提升运输的可视化和智能调度水平，显著提高了运输效率、降低了成本并确保运输质量。以下从运输管理系统（TMS）、物联网（IoT）和人工智能（AI）三个方面展开论述其应用。

（一）运输管理系统（TMS）

运输管理系统（TMS）是物流信息化的核心工具之一，能够实现对运输全过程的高效管理。TMS具有以下功能和优势。

1. 实时跟踪：TMS能够实时跟踪运输工具的位置和状态，提供精确的地理位置和运输进度信息。借助GPS和其他定位技术，TMS可以随时监控车辆的运行轨迹，确保货物在运输过程中按计划进行。这种实时监控能力不仅提高了运输的可视性和透明度，还能及时发现和处理运输过程中可能出现的问题，确保运输任务的顺利完成。通过持续跟踪和数据分析，企业能够优化运输路线和调度计划，提高运输效率和准时率，最终提升客户满意度和企业的竞争力。

2. 数据分析和决策支持：TMS收集和存储大量运输数据，通过分析这些数据，企业可以识别运输过程中的"瓶颈"和改进点。例如，系统可以分析运输时间、燃油消耗和货损情况，为企业优化运输路线和策略提供决策支持。这种数据驱动的分析可以帮助企业发现效率低下的环节，制定更加高效的运输方案，降低运营成本，提高整体物流效率和服务质量。

3. 智能调度：TMS可以根据实时交通状况、车辆载重和运输任务，自动进行智能调度，确保资源的最优配置和运输效率的最大化。

（二）物联网（IoT）

物联网（IoT）技术通过在货物和车辆上安装传感器，实现对运输过程的全面监控和管理。IoT技术在运输管理中的应用主要体现在以下几个方面。

1. 环境监控：传感器在物流运输中发挥着至关重要的作用，可以实时监控货物和车辆的环境参数，如温度、湿度、震动和光照等，确保货物在运输过程中始终处于最佳状态。尤其对于医药品和生鲜食品等对温度和湿度敏感的货物，实时监控显得尤为重要。通过传感器监测，这些货物的存储环境可以保持在严格控制的范围内，防止温度过高或过低、湿度不适宜等原因导致的质量损失。此外，传感器还能检测到货物在运输过程中受到的震动或光照变化，及时预警并采取相应措施，防止货物损坏或变质。这种精细化的环境监控不仅提升了运输安全性和货物质量，还增强了客户对物流服务的信任和满意度，进一步提高了企业的市场竞争力。

2. 设备状态监控：传感器不仅可以监测货物的环境参数，还能监测车辆和设备的运行状态，及时发现潜在的故障和异常情况，进行预防性维护，减少运输中断和故障造成的损失。通过实时数据的收集和分析，传感器能够检测到如发动机性能、轮胎压力、刹车系统等关键部件的运行状况，当出现异常时，系统会立即发出警报，提醒维护人员进行检查和维修。这种主动监控和维护不仅延长了设备的使用寿命，提升了运输效率，还避免了因故障导致的货物延误和经济损失，确保了物流过程的连续性和可靠性。

3. 安全保障：IoT技术通过实时监控和报警系统，能够有效确保货物和车辆的安全。例如，防盗传感器和报警系统能够实时监测货物和车辆的状态，当检测到异常情况如货物被盗或车辆被劫持时，立即发出警报通知管理人员。这样不仅提高了运输安全性，还能迅速采取应对措施，减少损失，保障物流过程的顺利进行。

（三）人工智能（AI）

人工智能技术在运输管理中的应用主要集中在预测分析和优化决策方面。AI技术通过机器学习和深度学习算法，能够处理和分析大量复杂的数据，为运输管理提供智能化解决方案。

1. 需求预测：AI算法能够根据历史运输数据、市场需求和季节性变化，准确预测未来的运输需求。这种预测能力使企业能够提前规划运输资源，确保在高需求时期有充足的车辆和人员调度，从而避免资源浪费和运输延误。通过精准的需求预测，企业能够优化物流运营，提高运输效率和客户满意度，同时降低运营成本和库存压力。

2. 优化运输计划：AI技术可以基于实时数据和预测结果，优化运输路线和调度计划。例如，AI算法可以结合实时交通信息，动态调整运输路线，避免交通拥堵，确保货物按时送达。通过实时监控交通流量、道路施工和天气情况，AI系统能够快速做出反应，选择最佳路线，减少运输时间和燃油消耗。除此之外，AI算法还能优化调度计划，确保车辆和人员的合理分配，提高运输效率和资源利用率。通过综合分析历史数据和实时信息，AI技术不仅提高了物流运营的灵活性和精准性，还显著降低了运营成本，提升了客户满意度和整体服务质量。

3. 资源配置优化：AI技术能够根据不同运输任务的需求，智能配置运输工具和人员，提高运输效率和资源利用率。例如，AI系统可以根据货物的类型和数量，自动选择合适的车辆和路线，确保每次运输的最优配置。

（四）综合效益

信息化和智能化技术的综合应用，不仅提高了运输管理的效率和准确性，还显著降低了运营成本和风险。通过TMS、IoT和AI技术的协同作用，企业能够实现运输全过程的可视化管理和智能调度，提高运输效率和客户满意度，增强市场竞争力。同时，这些技术的应用还促进了绿色物流的发展，通过优化运输路线和资源配置，减少了燃油消耗和碳排放，推动了企业的可持续发展。

信息化和智能化技术在运输管理中的应用，改变了传统物流管理方式，实现了运输全程的可视化和智能调度。TMS系统提供了实时跟踪、数据分析和智能调度功能，IoT技术确保了运输安全和质量，AI技术通过需求预测和优化决策，提升了运输计划和资源配置的效率。通过这些先进技术的应用，企业能够显著提高物流效率和经济效益，提升运输安全性和客户满意度，实现可持续发展目标。

六、环保运输方式

为了减少运输对环境的影响，企业可以采取多种环保运输方式和策略。采用电动货车、混合动力卡车和使用生物燃料的运输工具是重要的举措。这些车辆相比传统的利用柴油或汽油驱动的车辆，排放的温室气体和污染物显著减少。电动货车利用电力驱动，不仅降低了二氧化碳排放，还减少了空气中的有害物质排放。混合动力卡车结合了内燃机和电动机的优点，能够在不同工况下切换动力源，提升燃油效率。使用生物燃料的运输工具则利用可再生资源，减少了对化石燃料的依赖，降低了碳排放。

企业可以推进碳中和运输项目，通过碳补偿和碳交易机制，实现运输过程中的碳排放抵消。碳补偿机制允许企业通过投资绿色项目，如植树造林、可再生能源发展等，来抵消自身的碳排放。碳交易机制则通过市场化手段，使企业能够购买碳信用额度，以抵消其超出配额的碳排放。这不仅帮助企业实现碳中和目标，还促进了环保项目的资金投入和发展。通过综合采用这些环保运输方式和策略，企业不仅能有效减少运输过程中的碳足迹，还能履行环境责任，提升企业的绿色形象和市场竞争力。这些举措也推动了绿色物流的发展，促进了可持续运输体系的建立，为环保事业贡献了积极力量。

七、协同运输

与供应链上下游企业和第三方物流服务提供商的协同合作，是优化运输资源和路径的关键策略。例如，联合配送将不同企业的货物集中到同一运输工具上，显著减少了空驶率，提高了运输效率。这种协同方式不仅降低了各自的运输成本，还减少了道路上的运输车辆数量，从而缓解了交通压力，减少了碳排放。

共享运输资源和信息也是提升运输效率的重要手段。企业可以通过共享物流网络和仓储设施，优化运输计划，避免重复运输和资源浪费。例如，使用共同的物流平台，企业可以实时获取运输工具的位置和状态，协同调度，确保运输工具的最佳利用率。此外，共享数据分析和预测模型，企业能够更准确地预测运输需求，优化运输路径和时间安排，提升整体供应链的响应速度和灵活性。这种协同合作还可以带来其他附加价值。例如，通过建立联合的应急响应机制，企业能够更迅速地应对突发情况，从而减少因运输中断导致的损失。联合采购运输服务，企业可以获得更优惠的运输价格，进一步降低物流成本。共同进行环保项目和碳中和措施，企业可以共同承担环保责任，提升整体供应链的可持续性。协同合作不仅优化了运输资源和路径，还增强了供应链的整体效率和竞争力。企业通过这种合作模式，不仅实现了自身的运营优化，还推动了行业的集约化和高效化发展，为社会经济的可持续发展作出了积极贡献。

八、运输网络优化

设计和优化运输网络布局是实现高效物流管理的关键环节，涉及运输节点的选址和运输线路的规划。一个科学合理的运输网络布局可以显著提升货物流通速度、降低物流成本，并提高整体运输效率。以下从运输节点的选址、运输线路的规划以及综合效益三方面展开论述。

（一）运输节点的选址

运输节点包括运输枢纽、分拨中心和配送中心等关键设施。合理的运输节点选址至关重要，因为它直接影响货物的流通速度和物流成本。

1. 运输枢纽

运输枢纽应选址在交通便利、辐射范围广的地区，通常位于主要城市或交通干线的交会处。这样的选址能够确保枢纽具备良好的连接性和可达性，方便长途运输和区域配送的衔接。作为物流网络的核心，运输枢纽负责长途运输和区域配送之间的衔接，汇集大量货物进行中转和分拨。位于交通枢纽位置的运输枢纽可以最大限度地覆盖广泛的服务区域，提高货物流通效率，减少运输时间和成本，从而提升整体物流网络的效能。这种战略性选址不仅优化了物流流程，还增强了供应链的灵活性和响应速度，确保货物能够及时、准确地到达目的地。

2. 分拨中心

分拨中心应选址在靠近主要客户群体和市场需求密集区的地方，同时便于连接运输枢纽和配送中心。这样的位置选择能够确保分拨中心快速响应市场需求，减少配送时间和成本。分拨中心的作用在于将来自运输枢纽的货物进行分类、分拣，并分配到各个配送中心，实现区域内的高效配送。通过优化分拨中心的选址和功能，企业可以提高物流效率，确保货物能够及时、准确地被送达客户手中，从而提升客户满意度和市场竞争力。

3. 配送中心

配送中心应设立在接近最终客户的区域，以缩短"最后一公里"的配送距离，提升配送时效。这种选址原则确保了货物能够快速到达客户手中，减少了运输时间和成本。配送中心作为物流网络的关键节点，直接面向终端客户，负责区域内的货物配送和服务。通过优化配送中心的选址，企业能够提高配送的效率和准确性，从而显著提升客户满意度。配送中心不仅负责货物的分拣和派送，还可以提供增值服务，如退换货处理、售后支持等，进一步增强客户体验和信任。优化的配送网络能够更灵活地应对市场需求变化，提高供应链的整体响应速度和效率，增强企业的竞争力。

（二）运输线路的规划

运输线路的规划是运输网络布局的另一个重要方面。合理的运输线路规划可以减少运输时间和成本，提高运输效率。

1. 主干线路规划

主干线路应连接主要运输枢纽和分拨中心，选取交通流量大、运输条件好的路线，确保长途运输的快速、高效。这些主干线路作为物流网络的骨干，承担大批量货物的长距离运输，确保货物流通的主干道畅通无阻。通过选择交通便捷、路况良好的路线，主干线路能够最大限度地减少运输时间和成本，提升整体物流效率。优质的主干线路不仅提高了货物的运输速度，还增强了物流网络的可靠性和稳定性。这样设计的主干线路能有效应对高峰期的大流量运输需求，降低运输过程中出现"瓶颈"和延误的风险。此外，良好的主干线路布局也为区域内的支线运输提供了坚实的基础，确保整个物流网络高效、有序地运转，满足市场快速变化的需求，提高企业在供应链中的竞争力。

2. 支线线路规划

支线线路应连接分拨中心和各配送中心，选取区域内最便捷的路线，确保区域内货物的快速分拨和配送。这一规划原则旨在优化区域物流网络，通过选择最直接且交通状况良好的路线，减少运输时间和成本。支线线路的作用在于将货物从分拨中心迅速分配到各个配送中心，实现区域内的高效配送。有效的支线线路规划不仅提高了物流效率，还确保了货物的及时到达，提升了整体物流服务的可靠性和客户满意度。这样优化的物流网络能够灵活应对区域内的物流需求变化，增强供应链的响应速度和适应能力，从而提高企业的竞争力和市场表现。

3. "最后一公里"配送规划

"最后一公里"配送应考虑客户分布和道路条件，选取交通最便捷、成本最低的配送路线。这一规划原则确保了在配送过程中，货物能够快速、高效地到达客户手中。"最后一公里"配送是物流环节中直接面向客户的关键部分，优化这部分的线路不仅可以显著提升配送时效，还能增强客户满意度。通过详细分析客户位置分布和当地道路状况，企业可以制定出最佳配送路径，减少配送时间和燃油消耗，同时降低运营成本。此外，合理规划"最后一公里"配送路线，还能减少交通拥堵对物流的影响，提升整体配送的可靠性和准确性。这种优化措施有助于提高物流服务的竞争力和市场响应能力，使企业能够更好地满足客户的需求，增强客户对品牌的忠诚度和信任度。

（三）综合效益

1. 提高运输效率

（1）节点优化

通过合理配置运输枢纽、分拨中心和配送中心，形成层次分明、功能明确的运输网络，能够显著减少中转次数和运输距离，从而提高货物流通速度。运输枢纽作为长途运输和区域配送的连接点，分拨中心负责区域内的货物分拣和分配，而配送中心则直接面向终端客户进行配送。这样的节点优化不仅提升了物流效率，还减少了由于频繁中转导致的货损和延误，提高了整体供应链的可靠性和客户满意度。

（2）线路优化

科学规划运输线路，确保货物在最短时间内到达目的地，可以大幅提高运输效率。主干线路应连接主要运输枢纽和分拨中心，选择交通条件良好的路线，支线线路则应连接分拨中心和配送中心，选择最便捷的区域路线。而"最后一公里"配送则需综合考虑客户分布和道路条件，选择成本最低且最直接的路线。这种全面的线路优化不仅减少了运输时间和燃油消耗，降低了运营成本，还提升了物流服务的时效性和可靠性，增强了企业的市场竞争力和客户满意度。

2. 降低物流成本

合理选址和线路规划减少了运输时间和距离，降低了燃油消耗和人工成本，从而显著降低运输成本。此外，通过高效的运输网络布局，不但可以加快货物流通速度，减少库存积压和仓储成本，还能进一步降低库存成本。这种优化不仅可以提高物流效率，还能提升整体运营效益，使企业能够在激烈的市场竞争中保持成本优势和服务质量。

3. 提高服务水平

（1）客户满意度

优化"最后一公里"配送，能够显著提升配送时效和准确性，从而提高客户满意度。通过详细分析客户分布和道路条件，选择交通最便捷、成本最低的配送路线，企业可以确保将货物快速、高效地送达客户手中。先进的物流技术（如实时跟踪和动态调度）进一步增强配送过程的透明度和可靠性，减少延误和误送的风险。这样的优化不仅降低了运营成本，还增强了客户对物流服务的信任和依赖，提升了品牌的市场竞争力和客户忠诚度。

（2）应急响应能力

合理的运输网络布局增强了物流系统的弹性和应急响应能力，确保在突发情况下货物依然能够快速、高效地流通。通过科学配置运输枢纽、分拨中心和配送中心，以及优化运输线路，物流系统能够迅速调整和重新分配资源，保持高效运作。这样的布局不仅提升了常规运营效率，还确保了在面对突发事件时的迅速响应和可靠性，保障供应链的连续性和稳定性。

运输方式的优化是一个系统工程，需要结合多种策略和技术手段。通过多式联运、运输工具选择、路线优化、装载优化、信息化管理、环保运输、协同运输和运输网络优化，企业能够实现运输效率的提升、成本的降低和环境影响的减少。这不仅有助于提高供应链的整体效能，还能增强企业的市场竞争力和可持续发展能力。

成本控制与环境影响

在现代物流和供应链管理中，成本控制和环境影响是两个紧密相连的重要议题。通过有效的成本控制，企业不仅能够提升经济效益，还能够同时实现环境保护的目标，推动可持续发展。优化运输和库存管理、提高资源利用效率和采用绿色技术，这些措施既降低了运营成本，又减少了碳排放和资源浪费，体现了经济效益与环境责任的协调发展。这种综合管理策略不仅增强了企业的市场竞争力，还为社会的可持续发展作出了积极贡献。

一、成本控制

（一）运输成本控制

运输成本是物流成本中的重要组成部分。通过优化运输网络布局和运输线路，可以显著缩短运输时间和距离，从而降低燃油消耗和人工成本。

1. 合理选址：运输枢纽、分拨中心和配送中心的合理选址可以减少不必要的运输环节和中转次数，从而显著提高运输效率。通过科学地选择这些关键节点的位置，企业能够优化货物流通路径，缩短运输距离和时间，降低运输成本。合理的选址可以增强物流网络的灵活性和响应能力，确保货物能够更快速、准确地到达目的地。这种优化不仅提升了整体运营效益，还提高了客户满意度和企业的市场竞争力。

2. 线路优化：科学规划运输线路对于确保货物在最短时间内到达目的地至关重要。这种优化不仅提高了配送效率，还显著降低了燃油和维护成本。通过使用先进的导航技术和实时交通数据，企业可以选择最直接和最畅通的路径，避免交通拥堵和道路施工，缩短行驶时间和距离。此外，优化的运输线路减少了车辆的磨损和维修需求，延长了车辆的使用寿命，进一步降低了维护成本。高效的线路规划还提升了运输的准时率和可靠性，增强了客户满意度和企业的竞争力。在整个供应链中，这种优化有助于提高整体运营效率，降低运营成本，实现经济效益与环境效益的双赢。

3. 联合配送：与供应链上下游企业合作，通过联合配送减少空驶率，提高运输工具利用率，可以进一步降低运输成本。联合配送将不同企业的货物集中到同一运输工具上，不仅优化了运输资源的配置，还减少了不必要的空载行程，以使每次运输的效率最大化。这样的协同合作能够显著降低燃油和运营成本，同时减少碳排放，实现经济效益和环境保护的双重目标。这种模式还增强了供应链的整体灵活性和响应能力，提高了物流服务的可靠性和客户满意度。

（二）库存成本控制

高效的运输网络布局有助于加快货物流通速度，减少库存积压和仓储成本。

1. 需求预测：利用大数据和AI技术进行精准需求预测，可以优化库存水平，减少过量库存和缺货风险。通过分析历史数据和市场趋势，利用AI算法预测未来的需求变化，帮助企业精确调整库存量。这样不仅降低了库存持有成本，还能够确保在需求高峰期有充足的库存供应，提高供应链的效率和客户满意度。

2. JIT库存管理 JIT（Just-In-Time）库存管理通过精确的库存管理系统，实现零库存或低库存，显著减少了仓储成本和资金占用。这种管理方法可以确保原材料和产品在需要时才被送达生产线或销售点，从而减少库存积压和过期风险。JIT库存管理依赖高效的供应链协调和实时数据分析，能够快速响应市场需求变化，提升供应链的灵活性和效率。库存水平的降低减少了存储空间需求和管理费用，优化了企业的现金流，提升了整体运营效益。

3. 库存周转率：提高库存周转率，能够有效减少库存滞留时间，从而降低库存管理费用。通过加快货物流通速度，企业可以更快速地将库存转化为销售，减少存货占用的资金和仓储空间。这不仅降低了仓储成本和过期风险，还优化了现金流和运营效率，使企业能够更加灵活地应对市场需求变化和供需波动。提升库存周转率是实现高效库存管理和降低运营成本的重要手段。

（三）运营成本控制

通过信息化和智能化技术提高物流管理效率，减少人工和管理成本。

1. TMS（运输管理系统）：实时跟踪和数据分析能够优化运输调度和管理，从而提高运营效率。利用这些技术，企业可以精准地监控运输工具的位置和状态，及时调整调度计划，确保货物按时到达。数据分析还可以识别运输过程中的"瓶颈"和改进点，提供数据驱动的决策支持。其结果是，运输流程更加顺畅，资源利用更加高效，整体运营效率显著提升。

2. 自动化设备：采用自动化仓储和分拣系统可以显著提高作业效率和准确性，同时减少人工成本。自动化系统通过精准的机械操作和智能算法，实现货物的快速存取和高效分拣，减少了人为错误的可能性。这不仅加快了仓储和物流流程，还减少了对人工操作的依赖，降低了人力资源成本，提升了整体运营效益和服务水平。自动化系统还能实时监控库存状态，提供准确的数据支持决策，进一步优化库存管理和供应链协调。此外，自动化技术能够提高仓储空间的利用率，通过精密的堆叠和排列方式，最大化存储容量。这样的系统也具备高度的灵活性，能够迅速适应市场需求变化，调整存取和分拣策略，确保供应链的持续高效运作。总体而言，自动化仓储和分拣系统为企业提供了强大的竞争优势，推动了物流行业的现代化和智能化发展。

3. 能源管理：采用节能设备和新能源能够显著降低能源消耗和运营成本。高效节能的照明、制冷和运输设备减少了电力和燃料的使用量，而利用太阳能、风能等可再生能源则进一步降低了对传统能源的依赖。这不仅减少了企业的能源支出，还减少了碳排放和环境污染，符合可持续发展的理念。其结果是，企业在提高经济效益的同时，又提升了环境保护形象，增强了市场竞争力和社会责任感。

二、环境影响

（一）减少碳排放

降低运输过程中产生的碳排放是企业实现可持续发展的重要举措。

1. 绿色运输工具：采用电动货车、混合动力卡车和使用生物燃料的运输工具，可以显著减少温室气体排放。电动货车通过电力驱动，完全避免了尾气排放；混合动力卡车结合了电动和燃油系统，在降低燃料消耗的同时减少污染物排放；使用生物燃料的运输工具利用可再生资源，进一步减少了碳足迹。这些绿色运输方式不仅有助于环境保护，还符合越来越严格的环保法规，提升了企业的社会责任形象和市场竞争力。

2. 碳中和项目：通过碳补偿和碳交易机制，企业可以有效抵消运输过程中的碳排放，推动碳中和目标的实现。碳补偿机制允许企业投资各种环境项目，如植树造林、可再生能源开发和能效提升项目，以抵消其运输活动产生的碳排放。碳交易机制则通过市场化手段，使企业能够购买碳信用额度，抵消其超出排放配额的部分。这不仅帮助企业满足环境法规要求，还促进了低碳技术和项目的资金流动，加快了绿色经济的发展。采用这些机制，不仅降低了企业的环境负担，还增强了其社会责任感和环保形象，赢得了更广泛的市场认可和客户信任。此外，积极参与碳补偿和碳交易的企业可以在未来的低碳经济中占得先机，提升长期的竞争力和可持续发展能力。

（二）节能减排

优化运输和仓储过程中的能源使用，减少对环境的负面影响。

1. 优化运输路径：减少不必要的行驶里程和等待时间，可以显著降低燃油消耗。通过优化运输路线和调度计划，企业能够避免绕路和交通拥堵，确保车辆以最直接和高效的方式到达目的地。这不仅提高了运输效率，还减少了燃料使用和相关成本，有助于降低整体运营费用，同时减少碳排放和环境影响。

2. 智能仓储管理：采用节能设备和智能管理系统，可以显著减少仓储过程中的能源消耗。节能设备，如高效照明、节能制冷系统和智能温控设备，能够降低电力和燃料的使用量。智能管理系统通过实时监控和优化仓储环境和设备运行，确保能源使用的高效性和必要性，避免不必要的能耗。这种综合措施不仅降低了仓储运营成本，还减少了碳排放，提升了企业的环境友好度和可持续发展能力。

（三）资源利用效率

提高资源利用效率，减少资源浪费，实现可持续发展。

1. 循环经济：推进包装材料的回收和再利用，可以减少资源浪费和环境污染。通过建立回收体系和再利用流程，企业能够循环使用包装材料，减少对新材料的需求。这不仅节约了资源和成本，还降低了废弃物的产生和对环

境的负担，促进了可持续发展。

2. 共享资源：与其他企业共享运输和仓储资源，可以提高资源利用效率，减少空载和重复建设。这种合作模式使企业能够更有效地利用现有的物流网络和设施，优化运输和存储能力，降低运营成本。此外，资源共享减少了对新设施建设的需求，节约了资金和空间，同时减少了环境影响，推动了绿色物流的发展。

（四）环境管理体系

建立完善的环境管理体系，规范企业的环境行为，提升环境绩效。

1. 环境认证：获得ISO 14001等环境管理体系认证，可以显著规范企业的环境管理工作，提高其环境绩效。ISO 14001提供了一个系统化的方法来管理环境影响，确保企业在运营中遵循最佳环境实践。通过实施该标准，企业能够识别和控制其活动对环境的影响，减少资源消耗和污染排放。认证过程还推动企业定期审核和改进其环境管理措施，促进持续改进和合规性。此外，ISO 14001认证提升了企业的环保形象，增强了市场竞争力，赢得了客户和利益相关者的信任。从长远来看，这不仅有助于降低环境风险和运营成本，还推动了企业的可持续发展和社会责任的履行。

2. 环境绩效评价：定期进行环境绩效评价，可以有效发现问题并及时改进，不断提升环境管理水平。通过系统化的评估，企业能够监测和分析其环境管理实践的有效性，识别出不足和潜在风险。及时采取改进措施，优化资源利用和污染控制，确保环境目标的实现。这种持续改进的过程不仅增强了企业的环境责任感和合规性，还提升了其环保形象和市场竞争力，推动了可持续发展的长远目标。

综合运用成本控制和环境保护措施，企业不仅能够实现经济效益的提升，还能够履行社会责任，推动可持续发展。优化成本控制措施减少了不必要的支出，提高了运营效率，而环境保护措施减少了对自然资源的消耗和污染，改善了企业的环境形象和市场竞争力。最终，成本控制与环境保护的协调发展，为企业创造了更大的经济价值和社会价值，促进了经济、环境和社会的和谐发展。

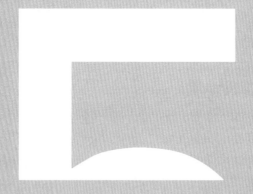

第 5 章

库存管理与需求预测

精准库存控制技术

精准库存控制技术在现代供应链管理中发挥着关键作用。通过先进的技术手段，企业能够实现对库存的精确管理，优化库存水平，减少库存成本，并提高供应链的响应速度和灵活性。需求预测、实时监控、自动补货和数据分析等方面的技术应用，使企业能够及时调整库存策略，确保供应链高效运作，提升整体运营效益和市场竞争力。

一、需求预测

精准库存控制的基础在于准确的需求预测。通过大数据分析和人工智能技术，企业能够对未来的需求进行科学预测，从而实现库存的精确管理。这种预测不仅能提升供应链的效率，还能显著减少成本和资源浪费。以下从历史数据分析、市场趋势、季节性变化、外部因素以及综合效益五个方面展开论述。

（一）历史数据分析

1. 销售数据：分析过去的销售数据不仅可以帮助企业识别产品的销售周期和趋势，还能揭示季节性需求变化和市场波动的规律。不同时期的销售量变化为未来库存需求提供了宝贵的参考，使企业能够更准确地预测需求高峰和低谷。这种数据驱动的洞察不仅有助于优化库存管理，减少库存积压和缺货情况，还能提高生产计划的灵活性，降低运营成本，增强市场竞争力，从而提高整体运营效率和客户满意度。

2. 库存数据：历史库存数据可以揭示库存周转率、滞留时间和补货频率等关键信息，为企业提供优化库存管理策略的基础。这些数据不仅能帮助企业识别高效的库存周转模式，减少资金占用和库存成本，还能发现长期滞销商品，及时采取促销或退货措施。同时，分析补货频率和滞留时间可以优化采购计划，避免过度采购和库存积压。通过这些洞察，企业能够实现库存管理的精细化，提高供应链的响应速度和效率，从而满足市场需求，提升客户满意度和企业盈利能力。

（二）市场趋势

1. 行业趋势：分析行业整体趋势，如市场增长、技术进步和消费者偏好变化，可以帮助企业更准确地预测未来的需求变化。这些趋势分析不仅揭示了市场的潜在机会和风险，还能指导企业进行战略调整和资源配置。例如，市场增长趋势可以预示产品需求的扩大，技术进步可能引发产品更新换代，而消费者偏好变化则影响产品设计和营销策略。通过深入理解这些趋势，企业能够提前布局，开发符合未来市场需求的创新产品，制定有效的营销策略，并优化生产和供应链管理，从而在激烈的市场竞争中保持领先地位，提升长期的盈利能力和市场份额。

2. 竞争对手动态：监控竞争对手的市场策略和产品动向能够帮助企业更好地调整自身的库存策略，保持市场竞争力。了解竞争对手的定价、促销活动和新产品发布情况，使企业能够预判市场变化，及时调整库存水平，避免库存过多或不足。此外，分析竞争对手的成功策略和失误，还可以为企业提供宝贵的经验教训，优化自己的运营模式。结合这些信息，企业可以更加灵活地应对市场需求波动，提高供应链的效率和响应速度，从而在竞争中占据优势地位。

（三）季节性变化

1. 季节性销售模式：许多产品的销售受季节性影响显著，如服装、食品和节日礼品等，分析季节性销售模式可以帮助企业预测不同季节的库存需求。通过深入研究过去的销售数据，企业可以识别出特定时间段的销售高峰和低谷，进而制订精准的库存计划。例如，夏季服装在春季需求上升，而节日礼品在节日前后需求激增。利用这些季节性趋势，企业能够提前调整采购和生产计划，确保在需求高峰期有足够的库存，同时在需求低谷期避免库存积压，从而提高库存周转率和整体运营效率。

2. 促销活动：企业可以根据过去的促销活动效果，预测未来类似活动的库存需求，确保充足的库存供应。通过分析历史促销数据，如销售增长率、消费者响应度和库存消耗速度，企业能够识别哪些促销策略最为有效，从而更精准地预测未来促销活动的库存需求。这种数据驱动的预测使企业在策划促销活动时能更好地准备库存，避免因库存不足导致的销售损失，或因库存过剩造成的资金占用和存储成本增加。这不仅提高了促销活动的成功率，也提高了整体供应链管理的效率和企业的市场竞争力。

（四）外部因素

1. 经济环境：宏观经济环境，如经济增长率、通货膨胀和消费者信心指数等，直接影响市场需求。企业需要结合这些外部经济因素进行需求预测，以便作出更准确的市场决策。经济增长率的变化可以预示整体市场的扩张或收缩，通货膨胀影响商品价格和消费者购买力，而消费者信心指数则反映了消费者的购买意愿。通过综合分析这些宏观经济指标，企业能够更有效地调整生产、库存和营销策略，确保在不同经济环境下维持稳定的市场表现。

2. 政策法规：政府政策和法规的变化，如关税调整和新的环境法规，直接影响市场需求，进而影响企业的运营和成本结构。关税调整可能改变进口商品的成本和竞争力，而环境法规则可能要求企业对产品和生产过程进行调整。为了适应这些政策变化，企业需要及时调整库存策略，确保在新政策下维持供应链的稳定性和运营的合规性。这种灵活的库存管理有助于企业在政策变化中保持市场竞争力，避免因政策变化带来的突发风险。

（五）综合效益

1. 提高预测准确性：综合考虑销售数据、市场趋势、季节性变化和外部因素，企业能够大幅提高需求预测的准确性。这种全面的分析方法有助于减少库存管理中的不确定性，优化库存水平，降低成本，并提升供应链效率，从而增强市场竞争力。

2. 优化库存水平：精准的需求预测可以帮助企业提前调整库存水平，避免过量库存和缺货情况，从而确保供应链的平稳运行。通过准确预测未来的市场需求，企业可以优化采购和生产计划，确保在需求高峰期有足够的库存供应，同时避免在需求低谷期出现库存积压。这样不仅减少了库存成本，还提升了资金利用效率，增强了企业的响应能力和市场竞争力。

3. 降低库存成本：通过优化库存水平，企业可以减少库存持有成本和资金占用，从而提升运营效率。精确的库存管理能够确保资源的合理配置，避免因过量库存导致的仓储费用和因缺货造成的销售损失。同时，资金占用的降低使企业能够将更多资金投入其他关键业务领域，进一步增强市场竞争力和整体盈利能力。

4. 提升供应链响应速度：精准预测使企业能够快速响应市场需求变化，保持高效的供应链运作，从而提升客户满意度和市场竞争力。通过准确的需求预测，企业可以更灵活地调整生产和库存计划，避免因供需不平衡导致的过量库存或缺货情况。这样的反应速度不仅确保了产品的及时供应，满足客户的需求，还能减少运营成本，提高资金利用效率。此外，精准预测还能帮助企业更好地应对市场波动和季节性变化，优化资源配置，增强市场应变能力，最终在竞争中占据优势，提升品牌声誉和客户忠诚度。

需求预测是精准库存控制的核心，通过大数据分析和人工智能技术，企业可以准确预测未来的需求，优化库存管理。这不仅提高了库存管理的效率，还显著降低了成本和资源浪费，确保供应链的平稳运行。综合利用历史数据、市场趋势、季节性变化和外部因素，企业能够实现更高的预测准确性，从而增强市场竞争力和可持续发展能力。

二、实时监控

实时监控技术是精准库存控制的重要组成部分。通过物联网（IoT）技术，企业可以在库存管理中使用各种传感器和RFID标签，对库存进行实时监控。实时监控不仅包括库存数量的动态更新，还涉及货物的状态监控，如温度、湿度等环境参数。这种实时信息的获取和处理，确保了库存数据的准确性和及时性，使企业能够迅速响应库存变化，优化库存管理策略。

（一）动态库存数量更新

1. 及时掌握库存水平：利用物联网（IoT）技术，企业可以使用传感器和RFID标签实时更新库存数量，确保随时掌握库存的实际情况。这种实时监控使企业能够准确了解库存水平，及时发现和处理库存不足或积压的问题，避免由此引发的供应链中断和资金占用问题。利用这些数据，企业可以优化库存管理策略，提高运营效率，确保产品在最佳状态下储存和运输，从而提升企业的市场响应能力和客户满意度。

2. 预防库存积压和不足：动态更新的库存信息可以帮助企业平衡库存水平，防止因库存积压导致的资金占用和因库存不足引起的销售损失。借助实时数据，企业能够及时调整库存策略，优化资源配置，提高运营效率，从而更有效地满足市场需求，提升整体竞争力。

（二）环境参数监控

1. 确保产品质量：对温度、湿度等环境参数的实时监控，特别是对快消品和对储存条件敏感的产品（如食品、药品），能有效防止因储存条件不当导致的产品损失。通过确保这些产品在最佳环境下储存，企业可以保持产品质量，减少损失，提高客户满意度。

2. 保障供应链稳定：实时监控环境条件确保产品在最佳状态下储存和运输，有助于维护供应链的稳定性。通过监测温度、湿度等关键参数，企业能够及时调整储存和运输条件，防止因环境不当导致的产品损坏或质量下降。这种精细化管理不仅保证了产品质量，还提升了供应链的可靠性和效率，确保客户获得满意的产品和服务，从而增强企业的市场竞争力。

（三）快速响应库存变化

1. 及时补货：实时监控技术能够及时发现库存达到临界点的情况，并自动触发补货请求，确保供应链的连续性，避免运营中断。通过这种技术，企业能够保持库存水平在最优状态，防止因缺货导致的销售损失和客户不满。同时，自动补货机制提高了供应链的响应速度和灵活性，确保业务运营的稳定和高效。

2. 解决潜在问题：对实时数据的分析使企业能够迅速发现和解决库存管理中的潜在问题，提高运营效率。实时数据提供了准确、即时的库存状况，使企业能够识别库存过剩、短缺或损坏的商品，并采取快速行动进行调整。这种及时的洞察能力不仅减少了库存相关的成本，还优化了资源配置，确保供应链的平稳运行。此外，实时数据分析还能帮助企业预测未来的库存需求，制定更加科学的库存管理策略，从而进一步提高整体运营效率和市场竞争力。

（四）提高库存管理透明度

1. 明智决策：实时监控提高了库存管理的透明度，使管理层能够基于准确的数据做出更明智的决策，优化库存策略。实时获取库存数据，企业能清楚了解库存状态，及时调整采购和补货计划，防止过多或过少库存带来的问题。这种透明性不仅提高了库存管理效率，还帮助企业更好地预测市场需求，提升供应链的响应速度和整体运营效益。

2. 降低人工成本：实时监控减少了对人工盘点的依赖，降低了人工成本和错误率，提高了库存管理的精确度。通过自动化的数据采集和分析，企业能够更准确地掌握库存情况，提高运营效率和准确性。

（五）增强供应链敏捷性

1. 快速适应市场变化：实时监控支持企业进行预测分析，识别销售趋势和需求波动，提前调整库存策略。通过获取和分析实时库存和销售数据，企业可以更准确地预测未来的市场需求，及时调整采购和生产计划，确保库存水平与市场需求相匹配。这种前瞻性的库存管理不仅提高了供应链的灵活性和响应速度，还减少了库存成本，提高了整体运营效率和市场竞争力。

2. 提高客户满意度：快速响应市场需求变化使企业能够提高供应链的响应速度和灵活性，从而提升客户满意度和市场竞争力。及时调整库存和生产计划，企业可以更高效地满足客户需求，减少交货时间和缺货情况。这种敏捷的供应链管理不仅增强了客户对企业的信任和忠诚度，还使企业能够更好地适应市场波动和竞争压力，抓住市场机会。此外，灵活的供应链还能降低运营成本，优化资源配置，提高整体运营效率，最终使企业在市场中占据更有利的地位。

（六）优化库存管理策略

1. 成本降低：精准的库存控制可以减少因库存过量或缺货带来的成本，优化资源配置。通过准确预测和实时监控库存水平，企业能够保持适量的库存，避免因过量库存导致的存储费用和因缺货引起的销售损失。这样不仅提高资金利用效率，还确保产品供应的连续性和及时性，最终提升整体运营效率和市场竞争力。

2. 提升运营效率：实时监控技术通过提供准确、及时的库存数据，帮助企业提升运营效率，实现更高的市场竞争力和客户满意度。利用传感器和RFID标签等物联网技术，企业能够实时跟踪库存数量和状态，确保数据的准确性和及时性。这种精确的库存管理使企业能够迅速响应市场需求变化，优化采购和生产计划，减少因库存过量或缺货导致的成本浪费。同时，实时监控还能防止因存储条件不当引发的产品质量问题，进一步保障客户满意度。通过提高供应链的透明度和灵活性，企业能够在市场竞争中获得更大的优势，更好地满足客户需求，增强品牌信誉和市场地位。

三、自动补货

自动补货系统利用精确的库存数据和需求预测，自动触发补货订单，确保库存水平在最佳范围内。企业可以设置库存上下限，当库存量接近下限时，系统会自动生成补货订单，发给供应商或生产部门。这种自动化流程不仅减少了人工干预和人为错误，还提高了补货的及时性和效率，确保了供应链的连续性和可靠性。

（一）精确的库存数据和需求预测

1. 基础数据准确利用物联网（IoT）技术和实时监控，这样自动补货系统可以依靠精确的库存数据和需求预测，确保补货决策的准确性。通过实时获取库存信息和分析市场需求，系统能够在库存接近下限时自动生成补货订单，减少人为错误，提高补货效率，确保供应链的连续性和可靠性。

2. 预测需求：分析历史销售数据和市场趋势使系统能够准确预测未来的需求变化，及时调整补货策略。借助这些数据，系统能够识别销售高峰和低谷，并根据季节性和市场动态做出相应的库存调整。精准的需求预测不仅帮助企业避免库存过剩和缺货，还优化了资源配置，提高了库存管理的效率和响应速度。这种前瞻性的策略确保了供应链的稳定性和可靠性，满足客户需求，提升企业的市场竞争力。

（二）自动触发补货订单

1. 自动化流程：企业可以设置库存的上下限阈值，当库存量接近或低于设定的下限时，系统会自动生成补货订单，无须人工干预。企业根据历史销售数据和需求预测，设定每种商品的最小和最大库存量。当库存水平降到预设的下限时，系统会立即识别这一情况，并自动触发补货流程。系统会根据需求预测和当前库存状况生成适量的补货订单，并自动发送给供应商或生产部门。这种自动化机制不仅确保了及时补货，避免了缺货情况的发生，还减少了人工操作带来的错误和延误，提高了整体库存管理的效率和准确性。

2. 减少错误：自动化流程减少了人为操作带来的错误，提高了补货过程的准确性和可靠性。通过自动化补货系统，企业能够依靠精确的库存数据和需求预测，及时生成补货订单，避免了人工处理中的误差和延迟。这种系统化的补货方式确保了库存始终保持在最佳水平，防止了因人为疏忽导致的库存过剩或短缺。自动化流程还提升了响应速度，使企业能够更快地应对市场需求变化，保证供应链的稳定性和连续性。

（三）提高补货的及时性和效率

1. 快速响应：快速响应系统能够在库存量达到临界点时立即触发补货请

求，确保补货的及时性，避免因缺货导致的销售损失。通过预先设定的库存上下限，系统实时监控库存水平，当库存接近下限时，自动生成并发送补货订单。这种自动化机制确保企业能够迅速响应库存变化，及时补充商品，保持销售的连续性和客户满意度，从而提高整体运营效率和市场竞争力。

2. 高效操作：自动化补货流程通过简化操作步骤，显著减少了人工干预的时间和成本，从而提高了整体运营效率。系统在预设的库存上下限范围内自动监控库存水平，当库存量接近下限时，系统会立即触发补货请求并生成相应的订单。这个过程无须人工干预，从而避免了人工处理中的烦琐步骤和潜在错误。自动化补货流程减少了对人工审核和手动数据输入的依赖，这不仅节省了大量人力资源，还大大缩短了补货周期。员工可以将更多的时间和精力投入到更具战略性和增值的任务中，如市场分析和客户服务，进一步提高了企业的整体运营效率。自动化流程还能确保补货请求的及时性和准确性，避免了由于人工延迟或疏忽导致的缺货或过量库存问题。系统能够根据实时数据和需求预测，优化补货数量和时间安排，使库存水平始终保持在最佳状态。这种精准的库存管理不仅降低了库存持有成本，还提高了资金利用效率。

自动化补货流程通过减少人为操作，提高了补货过程的准确性和可靠性，增强了企业对市场需求变化的响应速度，从而实现了更高效的供应链管理和运营效益。

（四）确保供应链的连续性和可靠性

1. 保持最佳库存水平：自动补货系统使企业能够保持库存水平在最佳范围内，既避免了库存过多带来的资金占用，又防止了因缺货导致的销售中断。系统实时监控库存数据，当库存接近预设下限时，自动生成补货订单并发送给供应商或生产部门，确保及时补货。这种精准的库存管理减少了过量库存所带来的仓储和管理成本，同时避免了因缺货而造成的客户流失和销售损失。自动补货系统还优化了资源配置，使企业能够更有效地利用资金和人力资源，提升供应链的灵活性和响应速度。整体而言，自动补货系统不仅提高了库存管理的效率和准确性，还增强了企业的市场竞争力和客户满意度。

2. 供应链稳定：系统的实时监控和自动补货功能确保了供应链的连续性和可靠性，使企业能够稳定供应产品，满足客户需求。实时监控使企业能够准确跟踪库存水平和状态，当库存接近预设下限时，自动补货系统立即生成并发送补货订单，确保及时补货。这种自动化管理减少了人为操作的延迟和错误，可以防止缺货和过量库存问题，从而保障了产品的稳定供应。通过这种高效可靠的库存管理，企业能够更好地响应市场需求，提升客户满意度和市场竞争力。

（五）发给供应商或生产部门

1. 及时通知：当生成补货订单后，系统会自动将订单发给相关供应商或生产部门，确保补货任务的快速执行。这一自动化流程不仅消除了人工传递订单的延迟，还减少了沟通错误的可能性。系统会根据预设的库存上下限和实时监控数据，准确计算所需的补货量，并立即生成详细的订单，包括产品数量、规格、交货时间等信息。随后，订单会自动发送给指定的供应商或生产部门，确保补货指令迅速落实。供应商和生产部门可以及时接收订单并安排生产或发货，从而加快补货过程，避免因库存不足影响销售和客户满意度。这种高效的订单管理机制，不仅提升了供应链的反应速度和灵活性，还提高了整个运营体系的效率和可靠性，使企业能够更稳定地满足市场需求，保持竞争优势。

2. 协调运作：自动化补货系统不仅提升了内部库存管理的效率，还改善了与供应商和生产部门的协调配合，确保整个供应链的高效运作。系统实时监控库存水平，并根据需求预测自动生成补货订单，迅速传达给供应商和生产部门。这种自动化和实时更新机制消除了人工传递信息的滞后和错误，确保补货指令能够及时执行。供应商和生产部门在接收到自动生成的订单后，可以迅速安排生产和发货，确保补货任务高效完成。通过提高信息传递的准确性和速度，自动化补货系统增强了各环节的协调性和响应能力，减少了供应链中的"瓶颈"和延误，最终提高了整个供应链的效率和可靠性，满足市场需求，提高客户满意度。

自动补货系统通过利用精确的库存数据和需求预测，实现了自动触发补货订单，确保库存水平在最佳范围内。企业设置库存上下限后，当库存量接近下限时，系统自动生成补货订单，并发给供应商或生产部门。这种自动化流程不仅减少了人工干预和错误，还提高了补货的及时性和效率，确保了供应链的连续性和可靠性。这一系统的应用大幅提高了企业的运营效率，降低了库存管理成本，增强了市场竞争力和客户满意度。

四、数据分析

数据分析在精准库存控制中具有核心作用。企业通过数据分析工具，深入挖掘库存数据，识别库存管理中的"瓶颈"和改进点。例如，通过分析库存周转率、库存滞留时间和库存成本，企业可以发现哪些产品库存过高或过低，及时调整库存策略。数据分析还可以帮助企业优化库存布局和仓储管理，提高库存利用率和管理效率。

（一）识别库存管理"瓶颈"和改进点

1. 库存周转率分析：分析库存周转率使企业能够确定哪些产品销售较慢导致库存积压，从而采取促销、调整采购策略或减少订单量等措施，以优化库存水平。准确的周转率分析揭示了库存管理中的低效环节，其能够帮助企业及时调整库存结构，减少资金占用和存储成本。通过这些优化措施，企业不仅能提升库存管理效率，还能更灵活地应对市场的需求变化，从而提高整体运营效益。

2. 库存滞留时间分析：分析库存滞留时间，企业能够识别出长期滞销的产品，采取清仓或退货等措施，减少库存积压和存储成本。及时处理滞销品不仅优化了库存结构，还释放了仓储空间，提高了库存管理的效率和经济性。

3. 库存成本分析：通过分析库存成本，包括持有成本、缺货成本和订单处理成本，企业可以找出成本过高的原因，并调整库存策略以降低成本，提高利润率。识别这些成本因素有助于企业优化库存管理，减少不必要的开支，避免因缺货造成的销售损失，同时提高订单处理效率。这种全面的成本分析和策略调整，使企业能够更有效地利用资源，提升整体运营效益和市场竞争力。

（二）发现库存过高或过低的产品

1. 库存数据挖掘：利用数据分析工具，企业可以深入挖掘库存数据，识别库存水平过高或过低的产品，及时采取相应措施调整库存。通过详细分析销售趋势、库存周转率和市场需求，企业能够准确判断哪些产品库存过多导致资金占用和存储成本增加，或哪些产品库存不足可能导致缺货和销售损失。根据这些分析，企业可以实施促销活动、调整采购计划、优化生产调度等策略，以确保库存水平与市场需求相匹配。这样不仅提高了库存管理的效率和准确性，还增强了供应链的灵活性和响应速度，最终提升整体运营效益和客户满意度。

2. 动态库存调整：根据数据分析结果，企业可以动态调整库存策略，确保库存水平与市场需求相匹配，避免因库存过多导致的资金占用和因缺货导致的销售损失。通过实时分析销售数据、市场趋势和库存周转率，企业能够准确预测需求变化，并相应地调整采购和生产计划。这种灵活的库存管理方式不仅优化了资源配置，减少了存储成本和资金压力，还提高了供应链的响应速度和效率，从而增强了企业的市场竞争力和客户满意度。

（三）优化库存布局和仓储管理

1. 仓储位置优化：通过分析产品的存储位置和出入库频率，企业可以优化仓储布局，将高频出库的产品放置在便于存取的位置，提高仓储效率。这样的方法使得频繁需求的商品更容易被快速拿取，减少了拣货时间和劳动成本。同时，优化的布局还能够避免仓库内的拥堵和混乱，提升整体操作效率和准确性，确保产品能够及时出库，满足市场需求，从而提升客户满意度和企业运营效率。

2. 库存利用率提高：数据分析可以帮助企业合理安排仓库空间，避免空间浪费，提高仓库的利用率和管理效率。通过分析库存数据和存储需求，企业可以优化仓储布局，将常用和高频出库的产品放置在方便取用的位置，减少拣货时间和劳动成本。这种精细化管理提高了仓库的运作效率，确保资源得到最大化利用，同时降低运营成本。

3. 物流路径优化：通过分析仓库内物流路径和出库速度，企业可以优化物流路线，减少拣货时间和运输成本，提高整体运营效率。通过详细研究仓库布局、货品分布和员工移动路径，企业能够识别"瓶颈"和低效环节。优化后的物流路线能够确保拣货员以最短路径和最快速度完成任务，减少无效移动和等待时间。合理安排货物位置和出库顺序，可以降低运输成本，提高装载和配送效率。这样的优化措施不仅提升了仓储和物流管理的精确度，还增强了供应链的灵活性和响应能力，最终提高了客户满意度和企业的市场竞争力。

（四）提高库存管理效率和决策支持

1. 数据驱动决策：数据分析提供了翔实的库存管理数据和趋势，帮助企业管理层做出更明智的决策，优化库存策略。通过分析销售数据、库存周转率、滞留时间和市场需求变化，管理层能够准确识别库存管理中的问题和机会，制订科学的采购、生产和补货计划。这样的决策支持不仅减少了库存成本，减少了资金占用和缺货风险，还提高了供应链的效率和响应速度，使企业更好地满足市场需求，增强市场竞争力。

2. 预测和规划：分析历史数据和市场趋势，企业可以更准确地预测未来的库存需求，制定科学的库存规划，确保供应链的稳定性和可靠性。借助数据分析工具，企业能够识别季节性变化、消费模式和市场波动，从而调整库存水平和采购计划，避免库存过多或缺货情况。这样不仅提高了库存管理的效率和精准度，还减少了运营成本，增强了企业对市场变化的应变能力，确保持续满足客户需求并维持高水平的服务质量。

3. 实时监控和调整：数据分析工具可以实时监控库存状况，提供及时的预警和建议，使企业能够快速响应市场变化和需求波动，保持库存的最佳状态。这种实时监控和分析功能可以帮助企业及时调整库存策略，避免过量库存和缺货问题，提升供应链的效率和灵活性。

数据分析在精准库存控制中具有核心作用，通过深入挖掘和分析库存数据，企业能够识别库存管理中的"瓶颈"和改进点，发现库存过高或过低的产品，优化库存布局和仓储管理，提高库存利用率和管理效率。数据分析还为企业提供了强有力的决策支持，从而帮助企业制定科学的库存策略，提高供应链的响应速度和灵活性，最终提升整体运营效率和市场竞争力。

五、技术综合应用

精准库存控制技术的综合应用，不仅限于单一技术手段的使用，还可以通过多种技术的集成，形成一个智能化的库存管理体系。企业可以结合大数据分析、人工智能、物联网和自动化系统，实现对库存的全面监控和管理。这种集成应用能够提供全面的库存可视化和分析能力，使企业实时掌握库存状况，从而做出科学的决策，优化库存水平和供应链效率。大数据分析帮助企业整合和挖掘海量数据，提供准确的需求预测和决策支持；人工智能通过智能算法实现自动化决策和异常检测，提升预测和管理精度；物联网通过实时监控和动态更新确保数据的及时性和准确性；自动化系统通过自动补货和仓储优化提高了整体运营效率。这些技术的集成应用，显著增强了企业的库存管理能力和市场竞争力，使其能够灵活应对市场变化和需求波动，降低库存成本，提高客户满意度。

六、经济效益和社会价值

精准库存控制技术不仅提高了企业的运营效率和经济效益，还具有重要的社会价值。优化的库存管理减少了资源浪费和库存积压，降低了企业的运营成本。通过减少库存占用的资金和仓储空间，企业可以更灵活地应对市场变化，提高市场竞争力。精准库存控制技术还促进了绿色物流的发展，减少了库存管理对环境的影响，推动了企业的可持续发展。

（一）提高运营效率和经济效益

1. 优化库存水平：精准库存控制技术通过大数据分析、人工智能和物联网的集成，确保库存水平与市场需求相匹配，减少库存过多或短缺的情况。大数据分析提供了翔实的销售和市场趋势数据，人工智能通过智能算法进行需求预测和自动调整库存策略，物联网则实时监控库存状态，提供动态更新。这种集成应用不仅优化了库存管理，减少了资金占用和存储成本，还提高了供应链的响应速度和灵活性，使企业能够更有效地满足市场需求，提高整体运营效率和竞争力。

2. 降低运营成本：实时监控和自动补货系统使企业能够更有效地管理库存，减少持有成本和缺货损失，降低整体运营成本。借助这些技术，企业可以准确跟踪库存水平，当库存接近下限时自动生成补货订单，确保及时补充库存。这种自动化和精确的管理方式避免了库存过多导致的资金占用和存储费用，同时防止了因缺货引起的销售损失。整体而言，企业能够以更低的成本保持高效运营，提升市场竞争力和客户满意度。

3. 提高资金利用效率：减少库存占用的资金，使企业能够将更多资金投入到其他关键业务领域，提高资金的利用效率和投资回报率。优化的库存管理降低了资金沉淀在库存上的比例，释放了更多流动资金用于研发、市场拓展等重要业务，增强了企业的整体财务健康和增长潜力。

（二）减少资源浪费和库存积压

1. 减少库存积压：准确的需求预测和优化的库存管理使企业能够避免产品滞销和库存积压，减少资源浪费。借助先进的数据分析和人工智能技术，企业可以精确预测市场需求，调整库存策略，确保库存水平与实际需求相匹配。这不仅减少了因库存积压导致的资金和空间浪费，还提高了库存周转率，使资源得到更有效的利用，提高了整体运营效率和经济效益。

2. 提高资源利用率：优化的库存管理提高了仓储空间的利用率，减少了不必要的资源占用，使企业的资源配置更加高效。通过精确控制库存水平和合理安排存储位置，企业能够最大限度地利用仓储空间，降低运营成本，提高整体运营效率。

（三）提高市场竞争力

1. 快速响应市场变化：精准库存控制技术使企业能够迅速调整库存策略，灵活应对市场需求变化，提高市场响应速度和竞争力。借助大数据分析、人工智能和物联网技术，企业可以实时监控库存水平和市场动态，及时调整采购和生产计划，确保库存始终与实际需求相匹配。这种灵活性不仅减少了库存相关成本，还增强了供应链的反应速度，使企业能够更快满足客户需求，提升市场地位和竞争力。

2. 提升客户满意度：确保库存水平和供应链的稳定性，使企业能够更好地满足客户需求，提升客户满意度和忠诚度。精准库存管理保证了产品的及时供应，避免了缺货和延迟交付的问题，增强了客户对企业的信任。稳定的供应链运作不仅提升了客户的购买体验，还增强了客户的忠诚度，使企业在激烈的市场竞争中保持一定的优势，促进业务长期增长。

（四）促进绿色物流和可持续发展

1. 减少环境影响：优化库存管理减少了因过量库存和过度生产导致的资源浪费和环境污染，推动绿色物流的发展。精确的需求预测和库存控制技术可以帮助企业保持适当的库存水平，避免大规模生产和存储未售出产品所带来的资源浪费。优化的库存管理可以减少不必要的运输和仓储需求，从而降低能源消耗和碳排放。通过减少过量库存，企业还能减少因库存处理和废弃带来的环境污染，促进可持续发展。这种绿色物流实践不仅提高了企业的运营效率和成本效益，还增强了企业的社会责任感和品牌形象，推动了整个行业向环保方向转型。

2. 降低碳足迹：高效的库存管理和物流优化能够减少不必要的运输和仓储过程，降低碳排放，促进企业的可持续发展。精准控制库存水平和优化物流路径使得运输和仓储的需求大幅减少，从而降低能源消耗和温室气体排放。这样的绿色运营方式不仅提升了企业的环境友好度，还降低了运营成本，增强了企业的社会责任感和品牌形象。在推动企业自身可持续发展的同时，也为行业和社会的环保目标作出了积极贡献。

3. 支持企业社会责任：精准库存控制技术能够帮助企业在提升经济效益的同时履行社会责任，推动环保和可持续发展，树立良好的社会形象。通过精确的需求预测和实时库存管理，企业能够避免过量生产和库存积压，减少资源浪费和环境污染。优化的物流和仓储管理不仅降低了运营成本，还减少了碳排放和能源消耗，促进绿色物流的发展。这种高效且环保的运营模式体现了企业对社会和环境的责任感，增强了公众对企业的信任和认可，提高了企业的市场竞争力和品牌价值。在追求利润的同时，企业通过践行可持续发展理念，树立了负责任的企业形象，为行业和社会的可持续发展作出了积极贡献。

（五）综合效益

1. 全面提升企业竞争力：精准库存控制技术的应用，不仅优化了企业内部管理，提高了运营效率和经济效益，还增强了企业在市场中的竞争力。通过精确的需求预测和实时库存管理，企业能够更有效地控制库存水平，减少过量库存和缺货情况，降低运营成本。与此同时，优化的库存管理提高了供应链的响应速度和灵活性，使企业能够快速应对市场变化和客户需求，提升客户满意度和忠诚度。这种综合效益使企业在竞争激烈的市场中占据有利地位，促进其长期发展和可持续增长。

2. 推动行业进步：随着越来越的多企业采用精准库存控制技术，整个行业的库存管理水平和效率将得到显著提升，推动行业进步和发展。精准库存控制技术通过整合大数据分析、人工智能和物联网，提供了更高效和精确的库存管理方法。这种技术的广泛应用将促使企业间分享最佳实践和创新思维，形成良性竞争，整体提升行业的运作标准。企业采用精准库存控制技术后，能够显著减少库存积压和缺货现象，降低持有成本和缺货损失。供应链的稳定性和可靠性得到增强，使得整个行业的供应链管理更加高效和灵活。此外，精准库存控制技术的应用促进了绿色物流的发展，减少了资源浪费和环境污染，推动了可持续发展。通过提高库存管理的透明度和响应速度，企业能够更好地满足市场需求，提升客户满意度和忠诚度。这不仅增强了单个企业的竞争力，也提升了整个行业的服务水平和市场竞争力。随着技术的普及和应用，行业内的标准和规范也将不断完善，进一步推动行业的整体进步和健康发展。精准库存控制技术的广泛应用将促使整个行业实现更高效的库存管理，推动技术创新和最佳实践的分享，提高行业整体效率，促进经济效益和可持续发展，为行业进步和发展注入新的动力。

3. 社会和经济的协调发展：减少资源浪费和环境影响的库存控制技术促进了经济与社会的协调发展，推动企业向绿色、可持续的方向发展。精确的需求预测和优化的库存管理减少了过量生产和库存积压，降低了能源消耗和碳排放。高效的物流和仓储管理进一步减少了不必要的运输过程，降低了运营成本和环境污染。这种绿色运营模式不仅提高了企业的经济效益和市场竞争力，还增强了企业的社会责任感和品牌形象，推动了企业在实现商业目标的同时，积极践行可持续发展理念，为社会和环境的可持续发展作出了重要贡献。

精准库存控制技术在现代供应链管理中不可或缺。通过需求预测、实时监控、自动补货和数据分析等技术手段，企业能够实现对库存的精确管理，优化库存水平，提高供应链效率和响应速度。精准库存控制不仅带来了显著的经济效益，还提升了企业的社会责任感和环保形象，促进了可持续发展。综合运用这些先进技术，企业可以在激烈的市场竞争中立于不败之地，实现长期的稳定发展和创新突破。

需求预测模型与策略

货运物流直接服务于城市的生产、生活，是城市经济社会活动赖以生存的基础。物流需求是各类物流基础设施合理规划布局与建设考虑的首要问题。物流需求预测的目的在于通过对未来物流需求规模和变动趋势的判断，制定适当的调整措施，以保障物流服务供给与需求之间的相对平衡，使社会物流活动实现较高的效率与效益。

目前，关于城市物流需求的研究主要集中在对物流需求影响因素的分析、物流规模与城市发展关系研究等方面。周广亮等通过GWR模型研究了30个中原城市的物流发展规模和其影响因素的空间差异性。张林等基于23个枢纽城市的面板数据，通过耦合协调度模型，分析了城市物流业与城市经济发展的协同效应，发现物流会促进城市经济发展，同时也发现多数城市物流业发展水平较低，制约了城市经济的发展。徐静等通过LIC（Logistics Industry Cities）模型研究了区域物流发展对于城市群一体化的影响。戚晓峰等利用291

个地级市的城市发展和物流面板数据，采用空间自相关分析法研究了物流用地变化对于不同等级城市发展影响的差异性。综上所述，虽然城市物流需求方面的研究成果颇丰，但仍然存在对物流需求内涵的片面性认识及缺少可操作性的预测方法等问题。

一、需求预测模型

（一）时间序列模型

1. 移动平均法：使用历史数据的平均值来预测未来需求是一种简单而有效的方法，尤其适用于需求较为稳定的环境。这种方法的基本原理是将若干个历史时期的需求数据进行平均，以此作为未来时期的需求预测值。通过这种方式，企业能够平滑短期波动，获得相对稳定的需求预测。

简单平均法是这种方法的基本形式。它将选定的历史数据取平均值，得出的结果能够反映一定时期内需求的整体水平。这种方法计算简便、易于理解，适合需求波动较小且变化不大的情境。例如，某企业过去5个月的销售数据分别为100、105、110、115和120，使用简单平均法计算得到的未来需求预测值为110。这种方法在需求稳定的市场环境中能够提供较为可靠的预测，帮助企业制订合理的库存和生产计划，避免因库存过多导致的资金占用和存储成本增加，也防止因库存不足导致的缺货问题。移动平均法是平均法的另一种形式，通过固定时间窗口内的数据平均值进行预测。随着时间的推移，窗口内的数据不断更新，能够动态反映需求的变化。例如，若窗口大小为三个月，某企业过去3个月的销售数据为110、115和120，则移动平均法预测的需求值为115。移动平均法比简单平均法更能准确反映近期的需求变化，适合用于需求有小幅波动但总体较为稳定的情况。

虽然使用历史数据的平均值来预测未来需求在处理趋势和季节性变化方面存在一定局限，但在需求相对稳定的环境中，它仍然是一种有效的工具。企业可以利用这种方法快速、简便地进行需求预测，制订库存和生产计划，从而提高运营效率和经济效益。结合其他预测方法和策略，如趋势分析和季节性调整，企业可以进一步提高预测的准确性和可靠性。使用历史数据的平均值来预测未来需求，通过平滑短期波动，为企业提供了一个简便而有效的需求预测手段。尽管存在一些局限，但在合适的应用场景下，它能够帮助企业优化库存管理和生产计划，提高整体运营效率和市场竞争力。

2. 指数平滑法：赋予近期数据更高权重的预测方法，通常指的是指数平滑法。这种方法通过对最近时期的数据给予更高的权重，能够更快地响应需求变化，适用于较为稳定但有一定波动的需求模式。指数平滑法的核心思想是根据需求的最新变化来调整预测值，使其更贴近当前的实际情况。具体而言，指数平滑法通过计算加权平均值，其中最新数据点的权重最大，而权重随时间递减。这一特性使得该方法能够迅速捕捉到需求的变化趋势，同时平滑短期波动，避免预测值剧烈波动。指数平滑法的基本公式为：$S_t=\alpha\cdot D_t+（1-\alpha）\cdot S_{t-1}$，其中，$S_t$ 是第 t 期的预测值，D_t 是第 t 期的实际需求值，α 是平滑系数（$0<\alpha<1$）。平滑系数 α 决定了新数据对预测值的影响程度，α 越大，新数据的影响越大，预测值对需求变化的响应越敏感。例如，假设某企业在过去4个月的需求分别为100、105、102和110，选择 $\alpha=0.3$ 作为平滑系数，那么预测过程如下：第一个预测值（初始值）设定 $S_0=100$；第1期预测值为 $S_1=0.3\cdot105+0.7\cdot100=101.5$；第2期预测值为 $S_2=0.3\cdot102+0.7\cdot101.5=101.65$；第3期预测值为 $S_3=0.3\cdot110+0.7\cdot101.65=104.155$。可以看出，指数平滑法的预测值能够逐步调整，迅速反映需求的变化。指数平滑法的优势在于其响应迅速，能够迅速反映最新的需求变化，适应较为动态的需求环境。它通过加权平均平滑短期的随机波动，提供更稳定的预测结果，计算方法简便，易于理解和操作。指数平滑法对平滑系数 α 的选择较为敏感，参数选择的合理性直接影响预测结果，需要根据具体需求模式进行调整和优化。此外，指数平滑法主要针对短期预测，无法有效捕捉长期趋势和季节性变化，需要结合其他方法进行综合预测。

为了克服这些局限性，企业可以将指数平滑法与其他预测方法结合使用。例如，双重指数平滑法可以同时考虑趋势变化，而三重指数平滑法可以同时处理趋势和季节性变化。在实际应用中，指数平滑法常用于库存管理，根据最新销售数据调整库存水平，确保库存与需求相匹配，减少过量库存和缺货风险；在生产计划中，可根据需求变化及时调整生产计划，提高生产效率，减少生产过剩和资源浪费；在财务预算中，根据近期财务数据进行预算预测，确保资金使用的合理性和有效性。赋予近期数据更高权重的指数平滑法，通过快速响应需求变化，为企业提供一个灵活且有效的预测工具。尽管存其在一些局限性，但在合适的应用场景下，它能够显著提高预测的准确性和及时性，帮助企业优化运营管理，提升市场竞争力。

3. 季节性分解模型：将时间序列分解为趋势、季节性和随机成分的方法，非常适用于具有明显季节性波动的需求模式。该方法通过识别和分离时间序列中的不同成分，可以更准确地预测未来的需求。首先，趋势成分代表数据随时间的长期方向变化，如上升或下降趋势。通过识别趋势，企业可以理解整体需求的增长或衰退情况。其次，季节性成分反映了数据在固定周期内的规律性波动，例如销售量在每年的某些月份特别高或特别低。最后，通过识别季节性成分，企业能够捕捉到年度、季度、月度或其他周期性变化的影响，制订相应的库存和生产计划。

随机成分则包括无法预测的短期波动或噪声，这些成分无法通过趋势或季节性模式解释，但对需求预测仍有重要影响。通过分离和分析随机成分，企业可以理解需求波动的不可控因素，进而在预测和规划中留有一定的灵活性和缓冲空间。具体操作中，时间序列分解通常采用加法或乘法模型。加法模型适用于各成分对需求的影响是累加的情况，即需求等于趋势、季节性和随机成分的总和；乘法模型则适用于各成分相乘影响需求的情况，即需求等于趋势、季节性和随机成分的乘积。例如，某零售商店在过去几年中，每年12月的销售额显著高于其他月份，而夏季月份的销售额则较低。通过时间序列分解，零售商可以识别12月销售额高峰和夏季低谷的季节性模式，并调整库存和促销策略，以确保在高峰期能有足够的库存，而在低谷期避免库存积压。识别趋势成分还能帮助零售商理解整体市场的增长趋势，制定长期发展战略。

通过这种方法，企业不仅能够捕捉和预测长期趋势和季节性波动，还能更好地应对短期随机变化，制订更加准确和灵活的需求预测和运营计划，从而提高市场竞争力和客户满意度。

（二）回归分析模型

1. 简单线性回归：利用单个自变量预测需求，例如广告支出对销售量的影响，是一种常见的回归分析方法。这种方法通过建立自变量与因变量之间的线性关系，能够帮助企业量化广告投入对销售量的具体影响。具体而言，企业可以收集历史数据，包括广告支出和相应时期的销售量，建立一个回归模型，如 $Y=\beta_0+\beta_1X$，其中 Y 是销售量，X 是广告支出，β_0和β_1是模型参数。通过回归分析，可以估计出β_1，即每增加一单位广告支出所带来的销售量变化。这种分析不仅可以帮助企业优化广告预算分配，确保广告支出带来最大的销售提升，还可以识别广告效果的时滞效应和边际效应。例如，在某个时间点增加广告支出可能会在接下来的几周内逐渐提升销售量。此外，回归模型还可以用于情景模拟，帮助企业预测在不同广告支出水平下的销售结果，从而制定更加科学的市场营销策略。这种方法直观且易于实施，特别适用于资源有限、需要快速决策的小型企业和新兴市场。

2. 多元线性回归：考虑多个自变量，例如价格、促销活动、宏观经济指标等，对需求进行预测是一种多元回归分析方法，适用于复杂的需求环境。这种方法通过建立多个自变量与需求之间的关系模型，能够更加全面地捕捉影响需求的各种因素。例如，企业可以收集价格、促销力度、广告支出、消费者信心指数和经济增长率等数据，与相应时期的销售量结合，建立一个多元回归模型如$Y=\beta_0+\beta_1X_1+\beta_2X_2+\beta_3X_3+\ldots$，其中$Y$是需求量，$X_1，X_2，X_3$等是各自变量，$\beta_0$是截距，$\beta_1，\beta_2，\beta_3$等是各自变量的回归系数。通过这种分析，企业可以量化每个因素对需求的影响，例如价格降低10%可能带来多少销售增长，促销活动增加多少可以提升需求。多元回归模型还可以揭示自变量之间的交互作用，帮助企业识别哪些组合策略能够最大化销售效果。这种方法的精确预测能力使企业在资源配置、市场营销和战略规划中能够做出更明智的决策，显著提高运营效率和市场竞争力。

（三）机器学习模型

1. 决策树：通过树状结构进行需求预测，适用于非线性和复杂关系的需求数据。决策树方法利用分层决策的方式，将数据逐步划分为更小的部分，每个分支节点代表一个决策点，依据特定自变量的值进行分割。这种方法能够处理复杂和非线性的需求模式，揭示数据中的潜在结构和关系。决策树模型不仅直观易于解释，还能自动处理缺失数据和多重自变量的交互作用。例如，在预测产品需求时，决策树可以同时考虑价格、促销力度、季节性因素、消费者行为等多种因素，通过树状结构找到影响需求的最重要变量及其组合。由于决策树能够适应数据中的复杂变化和非线性关系，它在零售、金融和制造等行业中得到了广泛应用，帮助企业更准确地预测需求，优化库存管理和市场策略，从而提高整体运营效率和竞争力。

2. 随机森林：基于多棵决策树的结果进行综合预测的方法称为随机森林。随机森林通过构建多个决策树，每棵树在训练时使用随机抽样的数据和特征，从而减少过拟合和模型偏差。最终预测结果是所有决策树预测结果的平均值或多数投票结果。相比单棵决策树，随机森林具有更高的准确性和稳定性，因为它综合了多棵树的预测，降低了单一树模型可能出现的误差和波动。适用于处理复杂和非线性关系的数据，随机森林在需求预测、分类和回归等任务中表现出色，广泛应用于金融、零售和医疗等领域，帮助企业和组织做出更精准的决策。

3. 神经网络：模拟人脑神经元工作方式的需求预测方法是神经网络，特别是深度神经网络（DNN）。这种方法通过构建包含多个层次的人工神经元，能够处理高度复杂和非线性的需求预测任务，尤其适用于大数据量和复杂需求模式。神经网络由输入层、隐藏层和输出层组成。输入层接收原始数据，每个节点代表一个输入变量，例如价格、促销、宏观经济指标等。隐藏层由多个神经元组成，每个神经元与前一层的所有神经元相连，进行加权求和和非线性激活函数处理，模拟人脑神经元的激活和信号传递过程。输出层则生成最终的预测结果。

神经网络通过训练过程不断调整神经元之间的权重，使预测结果尽可能准确。训练过程使用反向传播算法，通过计算预测值与实际值之间的误差，并将误差反向传播到各层神经元，调整权重，以最小化误差函数。例如，假设某企业使用神经网络预测产品需求，输入数据包括历史销售量、广告支出、价格、季节性因素、经济指标等。经过训练的神经网络可以捕捉这些变量之间复杂的非线性关系，从而进行精确的需求预测。神经网络能够处理复杂非线性关系，适用于复杂需求模式，并能自动提取和组合特征，减少对人工特征工程的依赖。其在处理大量数据方面的优势显著，通过输入大量数据，神经网络可以提高预测精度。然而，神经网络的训练过程需要大量高质量的数据，如果数据不足，可能会导致过拟合或欠拟合。此外，神经网络的计算资源消耗大，尤其是深度神经网络，需要大量计算资源进行训练。而且，神经网络是"黑箱"模型，难以解释具体的决策过程。

尽管存在这些挑战，神经网络在需求预测中的应用仍具有巨大潜力，尤其是在大量数据和复杂需求模式下。它通过模拟人脑神经元的工作方式，能够捕捉复杂的非线性关系，提高需求预测的精度，帮助企业更好地应对市场

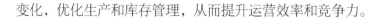

变化，优化生产和库存管理，从而提升运营效率和竞争力。

（四）深度学习模型

1. 长短期记忆网络（LSTM）：LSTM是一种特殊的递归神经网络，其擅长处理和预测时间序列数据，适用于长时间跨度的需求预测。LSTM通过其独特的记忆单元结构，能够捕捉和保留长期依赖关系，有效应对传统递归神经网络在长序列数据中常遇到的梯度消失和梯度爆炸问题。利用LSTM，企业可以在需求预测中处理复杂的时间依赖关系，例如捕捉年度季节性变化、市场趋势和周期性波动，从而实现更准确的长时间跨度需求预测。LSTM的这种能力使其在库存管理、财务预测、销售规划等领域表现出色，帮助企业更好地制定策略，优化资源配置，提高运营效率和市场竞争力。

2. 卷积神经网络（CNN）：CNN通常用于图像数据处理，但在需求预测中也有应用，尤其是处理复杂模式和特征提取。CNN通过其独特的卷积层结构，能够自动提取数据中的局部特征并捕捉复杂的模式。虽然最初设计用于图像识别和处理，但CNN的特性使其在时间序列预测和需求预测中也能发挥重要作用。

在需求预测中，CNN可以通过卷积层和池化层提取输入数据中的重要特征。例如，当输入数据时包含多个维度的时间序列，如历史销售数据、价格变化、促销活动等，CNN能够识别这些数据中的潜在模式和趋势。卷积层通过应用多个滤波器，对输入数据进行卷积操作，提取局部模式和特征。池化层则进一步简化数据，减少计算量，同时保留重要信息。利用这种特性，CNN可以有效地处理大规模、多维度的需求数据，自动发现影响需求的关键因素和复杂关系。与传统的时间序列分析方法相比，CNN能够捕捉数据中的非线性和高阶特征，从而提高预测的准确性和鲁棒性。例如，在零售行业，CNN可以分析历史销售数据、商品价格、促销活动以及外部因素（如天气、节假日效应），通过学习这些数据的复杂模式，提供更精确的需求预测。CNN在处理数据噪声方面表现出色。通过多层卷积和池化操作，CNN可以过滤掉数据中的噪声和异常值，提取出更加可靠和稳定的特征。这一特性对于需求预测中的数据预处理和特征提取尤为重要，有助于提高预测模型的整体性能。

虽然卷积神经网络最初用于图像数据处理，但其强大的特征提取和模式识别能力使其在需求预测中也能发挥重要作用。通过自动提取复杂模式和关键特征，CNN为企业提供了一个有效的工具，帮助其在应对复杂的需求环境中提高预测准确性，优化资源配置，提升运营效率和市场竞争力。

二、需求预测策略

（一）数据收集与处理

1. 历史销售数据：收集过去的销售数据是需求预测的基础，因为这些数据提供了历史趋势、季节性波动和市场行为的关键信息。通过分析历史销售数据，企业可以识别出需求的周期性模式、长期增长或下降趋势以及受到特定事件或条件影响的波动。基于这些洞察，企业可以构建预测模型，准确预测未来的需求变化。这不仅有助于优化库存管理和生产计划，还能提高供应链的效率和灵活性，确保在满足客户需求的同时，降低运营成本和库存积压的风险。

2. 市场调研数据：市场调研获取消费者行为和偏好的数据，能够显著增强需求预测的准确性。这些数据揭示了消费者的购买习惯、品牌偏好和对促销活动的反应，为预测模型提供了更加丰富和具体的信息。结合市场调研数据，企业可以更好地理解潜在的需求驱动因素和市场动态，从而在预测中考虑更全面的变量。这种深入的消费者洞察不仅提升了需求预测的精确度，还帮助企业制订更有效的营销策略和产品改进计划，最终提高市场竞争力和客户满意度。

3. 宏观经济数据：收集与经济环境相关的数据，如GDP增长率、通货膨胀率等，对需求进行宏观预测，可以提供对市场总体趋势的深刻洞察。经济指标反映了整体经济状况和消费者购买力，能够影响各行业的需求水平。例如，GDP增长率的上升通常伴随更高的消费者支出，表明经济扩张和市场活跃度提高，企业可以预期销售增长并调整生产和库存策略以满足更高的需求。相反，通货膨胀率上升可能导致消费者购买力下降，抑制消费需求，企业需要调整价格策略和成本控制措施以应对潜在的销售下滑。其他经济指标（如就业率、消费者信心指数和利率水平）也对需求预测具有重要影响。就业率提高通常伴随着收入增加和消费能力增强，消费者信心指数上升表明消费者对经济前景的乐观态度，利率水平变化则影响消费贷款和大额支出的决策。这些数据综合起来，为企业提供了全方位的经济环境信息，帮助企业更准确地预测需求趋势和市场波动。通过将宏观经济数据融入需求预测模型，企业可以更好地理解市场需求的驱动因素，从而制定更加科学和灵活的经营策略。这包括优化库存管理，调整生产计划，制定市场营销和促销策略，以及进行长期投资决策。此外，基于宏观经济数据的预测还能帮助企业识别潜在的市场风险和机会，提前制定应对措施，确保在不同经济环境下维持稳定的业务增长和竞争优势。

收集和分析与经济环境相关的数据，对于企业进行宏观需求预测至关重要。这不仅增强了预测的准确性，还提升了企业的战略规划能力，使其能够在复杂多变的经济环境中保持灵活应变和持续增长。

（二）数据分析与建模

1. 数据清洗：去除噪声和异常值，确保数据的准确性和可靠性是数据分析中的关键步骤。噪声和异常值可能源于录入错误、传感器故障或非典型事件，这些数据会扭曲分析结果，导致预测不准确。通过数据清洗技术，如统计方法、机器学习算法或规则设定，识别并去除这些不符合常规模式的数据点，可以提升数据的整体质量。准确可靠的数据是构建有效预测模型的基础，有助于企业做出更明智的决策，优化资源配置，提高运营效率。

2. 特征工程：提取和选择重要特征变量可以显著提高模型的预测能力。通过特征工程识别和提取与需求变化密切相关的变量，如历史销售数据、价格和促销活动，能够增强模型的精度和可靠性。使用相关分析、主成分分析（PCA）等方法筛选出最具预测价值的特征，有助于减少模型复杂性，防止过拟合，确保模型更准确地捕捉需求模式，优化企业决策。

3. 模型选择与验证：根据数据特性选择合适的预测模型，确保其能有效捕捉数据的内在规律和模式。通过交叉验证等方法评估模型的准确性和稳定性，可以识别最佳模型并避免过拟合，确保在不同数据集上的预测性能一致可靠。

（三）策略实施与优化

1. 动态调整：根据实际需求变化和预测误差，及时调整预测模型和参数，保持预测的准确性是动态预测管理的关键。随着市场环境和消费者行为的变化，需求模式可能会发生显著波动，初始模型和参数可能不再适用。通过定期监控预测结果与实际需求的差异，企业可以识别出模型偏差并进行相应调整，如更新数据集、重新选择特征变量、优化算法参数等。这种动态调整不仅提高了预测的灵活性和适应性，还能显著减少误差，确保企业能够准确预测未来需求，优化库存和生产计划，提高整体运营效率和市场竞争力。

2. 敏捷供应链管理：根据准确的需求预测结果，企业可以优化库存管理策略。通过确保库存水平与预期需求相匹配，避免过高或过低的库存量，从而减少资金占用和存储成本。这包括设置合理的安全库存水平和定期库存周转分析，以确保库存的高效利用。基于需求预测优化生产计划。通过将准确的需求数据与生产能力匹配，企业可以有效避免生产过剩或不足的情况。这涉及调整生产排程、灵活安排生产资源，以应对市场需求的波动。通过优化供应链布局，提高供应链的响应速度和灵活性。这可以通过与供应商的密切合作、建立弹性供应网络和使用现代化物流技术来实现。准确的需求预测结果可以帮助企业优化物流路线和仓储策略，确保产品及时到达客户手中，降低运输成本和缩短交货时间。基于精确的需求预测结果优化库存管理、生产计划和供应链布局，不仅可以提高供应链的响应速度和灵活性，还能够降低成本，提升客户满意度，增强企业的竞争力。

3. 风险管理：制定应对需求波动的风险管理策略对企业至关重要，特别是在面对预测误差可能带来的运营风险时。企业可以建立安全库存机制，安全库存是指在正常供应链运作中的基础上，额外储备的库存量，用于应对突发性需求增加或供应链中断的情况。通过根据需求预测结果和历史数据确定安全库存水平，企业能够在短期内满足客户需求，减少因预测误差而导致的销售损失。分散供应渠道也是降低运营风险的有效策略之一。通过与多个供应商建立稳固的合作关系，并分散采购来源，企业可以降低受到单一供应链节点故障或异常影响的风险。这种多元化的供应策略不仅能够提高供应的稳定性，还能够在市场需求或供应链变动时灵活调整，确保持续的产品供应。建立灵活的生产和采购计划也是应对需求波动的关键措施之一。企业可以通过采用JIT（Just in Time）生产模式或采购模式，根据实时的市场需求和库存水平灵活调整生产和采购计划，避免因需求波动而导致的生产过剩或缺货情况，从而降低运营风险和成本。制定应对需求波动的风险管理策略包括建立安全库存、分散供应渠道以及灵活的生产和采购计划。这些策略不仅可以有效降低因预测误差带来的运营风险，还能够提高企业对市场变化的适应能力，保持供应链的稳定性和灵活性。

（四）技术与工具的应用

1. 大数据分析平台：利用大数据技术和平台处理海量数据，对预测的深度和广度都将会带来显著提升。大数据技术如分布式存储和处理系统（例如Hadoop、Spark），能够有效处理不同来源、多样化的数据类型，包括结构化数据、非结构化数据以及实时数据流。这些技术使企业能够从更广泛和更深入的角度分析市场趋势、消费者行为、竞争动态等，进而改善需求预测的准确性和可靠性。通过大数据平台的数据挖掘和机器学习算法，企业可以发现隐藏在海量数据中的模式和关联，从而制定更具前瞻性和响应性的业务策略，提高市场竞争力和运营效率。

2. 云计算：利用云计算的强大计算能力和灵活性，企业可以快速处理和分析大量数据，从而提升预测效率。云计算平台可以提供弹性的计算资源和及时可用的存储空间，能够快速适应不同规模和复杂度的数据处理需求。通过云服务商提供的各种数据分析工具和机器学习平台，企业可以更高效地进行需求预测模型的训练、优化和部署，加速决策过程并提升预测准确性，从而在竞争激烈的市场环境中保持敏锐性和灵活性。

3. 人工智能和机器学习工具：采用先进的AI和机器学习工具进行模型训练和预测，可以显著提高预测的准确性和智能化水平。这些工具能够处理大规模和复杂的数据集，通过深度学习、神经网络和算法优化来挖掘隐藏在数据背后的模式和趋势。通过训练模型识别和适应不断变化的市场条件和消费者行为，企业可以实现更精准的需求预测，从而优化库存管理、生产计划和供应链布局，提升整体运营效率和市场响应能力。

三、需求预测的应用场景

（一）零售业

预测产品销售量是为了优化库存和补货策略，从而有效提高销售和客户满意度。通过精确的销售预测，企业能够避免库存过剩或缺货的问题，确保产品在市场上的持续供应，满足客户需求并提升销售效率。这种策略不仅有助于降低库存成本，还能增强企业对市场需求的敏感度，提升客户的购物体验和满意度。

（二）制造业

预测生产需求是为了优化生产计划和资源配置，从而降低生产成本和库存积压，确保生产能够按需进行，有效提高生产效率和资源利用率。通过精准的需求预测，企业可以避免过度生产和不必要的库存，提升生产的灵活性和成本效益。

（三）供应链管理

对供应链各环节的需求进行准确预测，是为了优化物流和配送，从而提高供应链的整体效率和响应速度。通过精确预测，企业可以合理安排物流调度和库存管理，减少运输和仓储成本，确保产品及时到达客户手中，提升客户满意度，同时增强竞争力。这种方法不仅有助于降低运营成本，还能有效应对市场需求的波动，使企业在竞争激烈的市场中保持领先地位。

（四）金融服务业

对客户需求和市场变化进行准确预测，可以帮助金融机构优化其产品和服务。通过分析客户行为数据和市场趋势，金融机构可以定制更具吸引力和竞争力的金融产品，提升客户体验感并增强市场竞争力。这种精确预测不仅有助于满足客户个性化需求，还能够在市场中迅速响应变化，确保金融机构在动态竞争环境中保持领先地位。需求预测模型和策略在企业运营中具有重要意义。通过选择合适的预测模型、制定有效的预测策略，并结合先进的技术和工具，企业能够准确预测市场需求，优化生产和库存管理，提高运营效率和经济效益。灵活应对市场变化和需求波动，降低运营风险，促进企业的可持续发展。

风险管理与供应链的弹性

风险识别与评估

风险识别与评估在各个领域和行业中都是关键的管理活动，帮助组织全面了解和管理潜在的不确定性和风险，可以确保实现战略目标。通过系统地识别和评估各种风险，组织能够提前制定应对策略，优化资源配置，减少意外损失，提高决策的可靠性和整体运营的稳定性。

一、风险识别

风险识别是指识别和描述可能影响组织目标实现的事件或情况。这一过程包括识别潜在的内部和外部风险因素，其因素涵盖多个方面，如市场竞争变化、技术演进、法规变更、自然灾害等。识别风险通常需要全面的信息收集和分析，包括定性和定量的方法，以确保对各种潜在风险的全面覆盖。

（一）内部风险因素

内部风险因素是源自组织内部的风险，通常与管理、运营、财务和技术等方面相关。例如，以下风险因素。

1. 管理风险：内部风险因素可能包括领导决策失误、组织结构不当和管理流程缺失等。这些风险源自企业内部，可能导致运营效率低下、资源浪费和员工士气下降，从而影响企业整体的绩效和目标实现。通过识别和管理这些内部风险，企业可以优化管理流程，改进组织结构，提升决策质量，确保运营的顺畅和高效。

2. 运营风险：运营风险涉及生产流程、供应链管理和员工操作等方面的潜在问题，如设备故障和生产中断。这些风险可能导致生产效率降低、产品质量下降和交货延迟，进而影响客户满意度和企业声誉。通过识别和管理这些运营风险，企业可以制定应急预案、实施预防性维护和培训员工，确保生产流程的稳定性和供应链的连续性，从而提高整体运营效率和竞争力。

3. 财务风险：财务风险包括资金流动问题、预算超支和财务报表不准确等。这些风险可能导致企业资金短缺、财务失衡和决策失误，进而影响其运营和战略实施。有效的财务风险管理可以通过严密的预算控制、准确的财务报告和科学的资金规划来实现，从而确保企业财务健康和可持续发展。

4. 技术风险：技术风险涉及技术故障、系统崩溃和数据泄露等问题。这些风险可能导致业务中断、数据丢失和信息泄露，进而损害企业的运营效率和客户信任。通过实施可靠的技术维护、系统监控和数据安全措施，企业可以有效地管理和降低这些技术风险。

（二）外部风险因素

外部风险因素是源自组织外部的风险，通常难以控制，但对组织有重大影响。例如，以下风险因素。

1. 市场竞争变化：市场风险包括新竞争者进入市场、市场需求变化和客户偏好转变等，这些因素对企业的市场地位和业绩产生重大影响。新竞争者可能带来更多的价格战和市场分割，削弱现有企业的市场份额。市场需求的变化，例如对产品或服务的需求突然增加或减少，会对企业的供应链和生产计划造成压力。客户偏好的转变，如对新技术或新产品的偏好增加，也会要求企业不断创新和调整产品策略。通过敏锐的市场洞察和灵活的战略调整，企业能够应对这些市场风险，保持竞争优势和持续增长。

2. 技术演进：技术风险涉及新技术的出现、技术替代和技术进步的加速，这些因素对企业的竞争力和市场定位产生深远影响。新技术的出现可能会使现有技术和产品迅速过时，迫使企业进行高成本的升级或转型。技术替代则可能导致企业核心产品或服务失去市场需求，影响其盈利能力。技术进步的加速要求企业不断投资于研发和创新，以保持行业领先地位。未能及时适应这些变化的企业，可能会在市场竞争中处于劣势。持续监控技术发展趋势、投资前瞻性技术以及灵活调整战略是企业管理技术风险的关键措施。

3. 法规变更：合规风险包括法律法规的变化、合规要求的提高和政策调整等，这些因素对企业的运营和战略决策有重要影响。法律法规的变化可能增加新的合规义务，导致运营成本上升和管理复杂性增加。提高的合规要求，如环境标准和数据保护法，迫使企业加强内部控制和审查，避免法律诉讼和罚款。政策调整，如税收和贸易规定的变化，可能直接影响企业的财务状况和市场策略。通过持续关注政策动态、完善合规管理体系和及时进行法律风险评估，企业能够有效应对合规风险，确保业务的合法性和稳健性。

4. 自然灾害：自然灾害风险包括地震、洪水、飓风和疫情等突发事件，这些事件可能严重影响企业的运营、供应链和员工安全。有效的风险管理策略需要包括紧急应对计划、保险覆盖和业务连续性措施，以减少这些突发事件带来的损失和影响。

（三）信息收集和分析

风险识别过程需要全面的信息收集和分析，以确保对各种潜在风险的全面覆盖。这包括以下几个方面。

1. 数据收集：从内部和外部来源收集相关数据，如历史记录、市场调研报告、财务报表和技术文档等，这是企业进行全面风险识别和评估的基础。内部数据，如过去的运营记录和财务报表，提供了对企业内部风险因素的洞察，而外部数据，如市场调研报告和技术文档，则帮助企业了解市场动态和技术进步带来的外部风险。这种综合的数据收集和分析，使企业能够全面识别潜在风险，制定有效的风险管理策略，确保业务的持续性和稳定性。

2. 专家意见：利用内部和外部专家的专业知识和经验，企业可以有效识别潜在风险并评估其可能性和影响。这些专家通过专业分析和判断，提供对复杂风险因素的深入理解和准确评估，帮助企业制定更为精准和可靠的风险管理策略。

3. 员工反馈：收集员工对日常运营和管理过程中的风险感知，获取一线风险信息，对于全面识别和评估潜在风险至关重要。员工在日常工作中直接接触运营流程，能够敏锐地察觉到潜在问题和异常情况，他们的反馈提供了宝贵的前线洞察。这些信息有助于企业及时发现和解决运营中的隐患，增强整体风险管理能力，确保运营的顺畅和安全。

4. 客户和供应商反馈：了解客户需求变化和供应商能力问题，有助于识别外部风险来源。通过监测客户需求的动态变化和评估供应商的稳定性，企业可以提前预见潜在的市场波动和供应链中断风险，从而制定应对策略，确保业务连续性和稳定性。

（四）定性和定量方法

风险识别通常结合定性和定量的方法，以确保全面、准确地识别所有潜在风险。

1. 定性方法：定性方法包括头脑风暴法、德尔菲法、SWOT分析、情景分析和风险工作坊等。通过使用这些方法，组织可以全面识别和描述潜在风险，并评估其可能性和影响。头脑风暴法集思广益，鼓励团队成员自由提出各种潜在风险，而德尔菲法则通过匿名问卷收集专家意见，确保多角度的专业分析。SWOT分析帮助组织了解内部优势、劣势以及外部机会和威胁，提供全局视角。情景分析通过模拟不同情景，评估风险在各种可能环境下的表现，预判其影响。风险工作坊则将相关利益者集中起来，共同讨论和识别风险，结合多方意见进行深度评估。

这些方法相结合，使组织能够系统地识别、描述和量化风险，制定有效的应对策略，提高整体风险管理能力。

2. 定量方法：定量方法包括统计分析、回归分析、模拟和概率分析等。通过使用这些方法，组织可以量化风险的可能性和影响，提供更加准确和可靠的风险评估。统计分析利用历史数据来识别趋势和模式，从中提取风险的频率和严重性。回归分析通过建立变量之间的关系模型，评估特定因素对风险的影响程度和可能性。模拟方法，例如蒙特卡罗模拟，使用计算机生成大量随机样本来预测不同风险场景下的结果分布，帮助量化不确定性。概率分析通过计算各种风险事件发生的概率，结合其潜在影响，提供全面的风险评估。

这些方法使组织能够科学地量化风险，优化决策过程，并制定有针对性的风险管理策略，提高整体运营的稳健性和抗风险能力。

（五）风险分类和记录

识别出的风险需要进行分类和记录，以便进一步评估和管理。常见的风险分类方法包括按来源分类、按性质分类和按影响范围分类。

按来源分类，风险可以分为内部风险和外部风险。内部风险源自企业内部，如管理失误、运营问题和财务状况，而外部风险来自企业外部环境，如市场变化、法律法规变动和自然灾害。按性质分类，风险可以分为战略风险、运营风险、财务风险和合规风险。战略风险涉及企业的长期目标和方向，如市场定位和竞争策略。运营风险涉及日常业务流程和操作，如供应链中断和生产事故。财务风险涉及企业的资金流动和财务管理，如信用风险和流动性风险。合规风险涉及遵守法律法规和行业标准，如税务合规和数据保护。按影响范围分类，风险可以分为局部风险和全局风险。局部风险影响企业的特定部分或单个项目，如某一生产线的设备故障。全局风险影响企业的整体运营和战略，如全球经济衰退或行业性的技术变革。

通过这些分类方法，企业可以系统地记录和分析识别出各类风险，从而制定有针对性的风险管理策略，以确保各类风险都能得到充分的重视和有效的管理。

二、风险评估

风险评估是对已识别风险的深入分析和评估其概率和影响的过程。评估风险的目的是量化风险的可能性和影响程度，以便组织可以优先考虑和管理最重要的风险。评估方法可以根据风险的性质和组织的需求而异，常见的方法包括风险矩阵、定量分析、统计建模和情景分析等。

（一）风险评估的目的

风险评估的主要目的是量化每个风险事件发生的可能性及其潜在影响，以便确定需要优先管理的风险。通过这一过程，组织能够识别对其影响最大的高优先级风险，集中资源和努力进行有效管理。风险评估可以为管理层提供可靠的数据和分析结果，支持战略决策和风险应对策略的制定。合理的资源配置也成为可能，根据风险的严重性和紧迫性，组织可以优化资源分配，最大限度地降低潜在损失和运营中断，确保业务连续性和稳健发展。

（二）风险评估方法

1. 风险矩阵

风险矩阵是一种简单且直观的工具，用于将风险事件的概率和影响进行分类和量化。它通常以二维图表的形式呈现，一个轴表示风险发生的概率，另一个轴表示风险的影响程度。概率轴通常从低到高划分多个等级，如"极低""低""中""高""极高"；影响程度轴也类似，从"轻微"到"严重"逐步划分。

通过将每个风险事件映射到矩阵中，组织可以清晰地看到哪些风险具有高概率和高影响。例如，某个风险事件可能被评估为"高概率、严重影响"，这意味着该风险既很可能发生，又会对组织造成重大影响，因而需要优先管理。在具体操作中，风险评估团队会对识别出的每个风险事件进行打分，确定其发生的可能性和潜在的影响程度，然后将这些评分反映到风险矩阵中。例如，低概率、轻微影响的风险事件可能位于矩阵的左下角，这类风险通常优先级较低，可以通过监控和基本的预防措施进行管理；高概率、严重影响的风险事件会位于矩阵的右上角，这类风险是组织管理的重点，需要制定详细的应对策略和资源投入，以减小其潜在的负面影响。

使用风险矩阵，组织能够系统地分类和量化各类风险，识别出最需要关注和处理的高优先级风险。这不仅提高了风险管理的效率，还帮助管理层制定科学的决策和资源分配策略，以确保组织能够有效应对各种潜在的挑战和不确定性。

2. 定量分析

定量分析方法通过使用数据和数学模型对风险进行量化。常见的定量分析技术包括以下几个方面。

（1）概率分析

计算每个风险事件发生的概率，并结合其潜在影响进行综合评估，是风险管理中的关键步骤。这一过程通过定量分析，确定每个风险事件的发生可能性，然后评估其可能带来的后果。结合概率和影响的综合评估，使组织能够量化风险的严重性，从而优先处理最重要的风险。这种评估不仅提供了一个客观的基础，帮助管理层制定策略和分配资源，还能提高整体风险管理的有效性和针对性，确保组织在面对不确定性时具备更强的应对能力。

（2）敏感性分析

评估关键变量的变化对风险评估结果的影响，旨在确定哪些变量对结果最敏感。这一过程通过敏感性分析，识别出哪些因素在发生变化时会显著影响风险的评估结果。通过了解这些关键变量，组织可以重点监控和管理这些高敏感性的因素，从而更有效地管理整体风险。这种分析不仅有助于优化资源配置，还能提高风险管理策略的精准性和效率。

（3）蒙特卡罗模拟

使用计算机模拟技术，通过生成和分析大量随机样本，可以评估风险事件在不同情景下的可能性和影响。这种方法通常称为蒙特卡罗模拟，通过创建多种可能的风险场景，计算每种情况下的结果分布，帮助组织理解和量化风险的潜在波动范围。通过这种模拟，组织能够识别出在最不利和最有利条件下可能发生的情况，并制定相应的应对策略。该技术不仅能提高风险评估的精确性和可靠性，还能为管理层提供数据驱动的洞察，以支持决策和资源分配。

3. 统计建模

统计建模方法通过构建数学模型来描述风险因素之间的关系，并预测风险事件的可能性和影响。这些方法能够揭示复杂数据中的模式和关系，从而帮助企业更精确地评估和管理风险。例如，回归分析是一种常见的统计建模技术，用于评估特定因素对风险事件发生概率的影响。通过分析变量之间的线性或非线性关系，回归模型可以预测因变量的变化，如市场需求或经济指标对运营风险的影响。这种分析使企业能够识别出关键风险因素，并制定相应的应对策略。贝叶斯网络是一种更复杂的统计建模方法，适用于构建多变量之间的因果关系模型。在不确定性条件下，贝叶斯网络能够结合概率论和图论，进行风险评估和决策支持。它通过节点表示随机变量，通过有向边表示变量之间的因果关系，从而建立起一个结构化的概率模型。这种方法允许企业在面对不完全信息时，进行条件概率推断，评估不同情景下的风险事件及其影响。例如，贝叶斯网络可以用于预测供应链中断的概率，考虑各种可能的干扰因素，如自然灾害、政治不稳定和市场波动。通过不断更新和学习新的数据，贝叶斯网络模型能够动态调整，提供更精准的风险评估。

统计建模方法通过数学模型和数据分析，提供了深入理解和量化风险的工具。回归分析和贝叶斯网络等技术不仅能够评估单个风险因素的影响，还可以综合考虑多个变量的相互作用，在复杂的商业环境中提供可靠的风险预测和管理支持。这些模型能够帮助企业在决策过程中更加科学和理性，从而有效降低风险，提升运营稳定性和战略执行力。

4. 情景分析

情景分析是一种定性和定量结合的方法，通过模拟不同情景下的风险事件，评估其可能性和影响。这种方法通常包括以下步骤。

（1）识别关键驱动因素

确定对组织影响最大的外部和内部因素是风险评估的关键步骤。外部因素主要包括市场变化、法律法规、经济波动和自然灾害，而内部因素通常涉及管理决策、运营效率、技术系统和员工行为。通过识别和分析这些关键因素，组织可以优先处理那些对其运营和战略目标最具威胁的风险，从而制订有效的应对策略和资源分配计划，确保业务的持续性和稳定性。

（2）构建情景

基于关键驱动因素，组织可以构建多个可能的未来情景，以评估不同条件下的风险和机遇。通过情景分析，企业能够预见各种潜在的变化，制订灵活的战略和应对计划，从而提高在不确定环境中的适应能力和决策效率。

（3）评估影响

分析每个情景下的风险事件及其潜在影响，组织可以全面了解不同情景下的威胁和机会。基于这些分析，企业能够为每个情景制定具体的应对策略，从而在各种可能的未来情景中保持稳健运营和竞争优势。这一方法使企业能够提前准备，灵活应对市场变化和不确定性，确保在各种环境下都能有效运作。

（三）风险评估的实施步骤

1. 收集数据：收集与风险事件相关的数据，包括历史数据、专家意见和市场信息等，是进行全面风险评估的基础。历史数据提供了过去风险事件的发生频率和影响，专家意见提供了专业见解和预测，市场信息则揭示了当前和未来的市场动态。通过整合这些数据，企业能够准确识别和评估潜在风险，制定更有效的应对策略，确保在不确定的环境中保持稳健运营。

2. 建立模型：根据选择的评估方法，组织可以构建适当的风险评估模型，以系统地分析和量化风险。通过使用这些模型，企业能够识别关键风险因素，评估其可能性和影响，从而制定有针对性的风险管理策略。

3. 分析和计算：使用模型对风险事件的概率和影响进行分析和计算，能够量化风险的严重性和发生的可能性。这种分析为企业提供了科学的依据，帮助其识别关键风险并制定有效的管理和应对策略。

4. 结果展示：将评估结果通过图表、报告等形式展示给管理层，提供决策支持，有助于直观地呈现风险的可能性和影响。图表可以清晰地展示数据趋势和风险分布，报告则详细说明评估过程、发现的关键风险以及建议的应对措施。这种可视化和详细的呈现方式，使管理层能够更全面地理解风险状况，从而做出更明智和科学的决策，确保企业的稳健运营和长远发展。

5. 持续监控和更新：定期更新风险评估，监控风险因素的变化，并根据新数据和信息调整评估结果和策略。

风险评估是风险管理过程中的关键步骤，通过深入分析和量化风险事件的可能性和影响，组织能够识别和优先管理最重要的风险。不同的方法，如风险矩阵、定量分析、统计建模和情景分析，提供了多样化的工具和技术，帮助组织根据风险的性质和需求选择最合适的评估方法。通过系统的风险评估，组织可以提高决策的可靠性和有效性，优化资源配置，增强应对不确定性的能力，确保业务的连续性和稳定性。

三、风险管理周期

风险识别与评估是风险管理周期的关键步骤之一。这个周期通常包括以下几个步骤：风险识别与评估、开发应对策略、实施控制措施、监控和审查。这个循环是持续性的，可以帮助组织在动态变化的环境中持续地应对和管理风险。

（一）风险识别与评估

风险识别是指识别和描述可能影响组织目标实现的事件或情况。通过全面的信息收集和分析，包括内部数据（如运营记录、财务报表）和外部数据（如市场调研报告、行业分析），组织可以识别潜在的内部和外部风险因素。这些因素可能包括市场竞争变化、技术进步、法规变更和自然灾害等。风险评估则是对已识别风险进行深入分析和评估其概率和影响的过程。评估方法可以根据风险的性质和组织的需求而异，常见的方法包括风险矩阵、定量分析、统计建模和情景分析等。通过量化风险的可能性和影响程度，组织能够首先处理高优先级风险，从而优化资源配置，制定科学的决策。

（二）开发应对策略

一旦识别和评估了风险，下一步就是开发应对策略。应对策略的制定需要考虑不同风险的特性和严重程度，常见的策略包括以下几个方面。

1. 规避风险：改变计划、流程或策略可以帮助组织避免某些风险的发生。例如，放弃高风险项目或市场是一种规避风险的策略。这样做可以有效减少暴露于潜在威胁中的可能性，确保资源和精力集中于更安全、可控的领域。预先识别高风险因素并采取行动，企业能够降低可能的损失和不确定性，从而提高整体运营的稳定性和效率。这种主动的风险规避措施有助于长期可持续发展，确保企业在不断变化的环境中保持竞争优势。

2. 减少风险：采取措施减少风险发生的可能性或降低其影响是有效的风险管理策略。例如，通过增加安全库存、分散供应商和实施严格的质量控制，企业可以降低供应链风险。这能够确保在供应链中断时有足够的库存供应，从而减少对单一供应商的依赖，避免质量问题导致的生产停滞。这些预防措施可以帮助企业稳健应对潜在风险，确保运营的连续性和稳定性。

3. 转移风险：将风险转移给第三方是有效的风险管理策略之一，例如通过购买保险或外包某些业务功能。这种做法可以减轻企业直接承担的风险负担，确保在风险事件发生时能够得到专业的处理和经济补偿，从而保障企业的持续运营和财务稳定。

4. 接受风险：在某些情况下，风险可能无法完全避免或转移，组织可能需要制定应急预案，并做好承受风险影响的准备。应急预案应详细描述在风险事件发生时的应对措施、责任分工和资源调配，以确保迅速恢复关键业务功能并减少损失。通过定期演练和培训，员工能够熟练掌握应急程序，提高应对突发事件的能力。此外，组织还应建立风险缓解基金或其他财务准备，以应对不可避免的损失。这样的准备工作能够增强组织的韧性，确保组织在面临重大风险时仍能保持运营的连续性和稳定性。

（三）实施控制措施

实施控制措施是将已制定的应对策略付诸实践的过程，这需要各部门和团队的协调与合作，确保每项措施都能有效执行。具体措施主要包括技术改进、流程优化、培训与教育、资源分配等。为了应对信息安全风险，组织可能需要实施网络安全措施，如防火墙和入侵检测系统，开展员工安全培训，提升员工对信息安全的意识和技能，并进行定期安全审计，确保所有安全措施的有效性和合规性。技术改进和流程优化可以提高系统的安全性和效率，减少漏洞和操作失误。培训与教育可以确保员工具备必要的知识和技能来应对风险，同时建立一种风险意识文化，使每个员工都成为风险管理的一部分。资源分配则确保有足够的资金和人员来执行这些措施，从而全面提升组织的风险管理能力。此外，持续的监控和评估是关键，定期评估控制措施的有效性，及时调整策略以应对新的风险。通过综合运用这些措施，组织能够创建一个更加稳健和灵活的风险管理体系，以确保在面临各种挑战时能够保持稳定运营和持续发展。

（四）监控和审查

风险管理是一个动态过程，环境和风险因素可能随时发生变化。因此，持续监控和定期审查是风险管理的关键步骤。通过监控关键风险指标、审查风险管理措施的效果，组织可以及时发现新风险和变化情况，并相应调整管理策略和措施。监控和审查过程通常包括以下步骤。

1. 风险监控：实时监控风险事件和风险指标是确保及时发现风险信号的关键措施。通过实施实时监控系统，组织可以连续追踪关键风险因素和指标，如市场波动、系统性能、供应链中断等，快速识别潜在的风险变化。及时获取和分析这些数据，能够使组织迅速响应，采取适当的预防和纠正措施，防止风险事件的扩大和影响的加剧。这样的监控机制不仅提高了风险管理的敏捷性和准确性，还增强了组织在动态环境中的应变能力和稳定性。

2. 绩效评估：评估风险管理措施的效果是确保其能够有效降低风险的重要环节。通过定期审查和分析实施的风险管理措施，组织可以判断这些措施是否达到了预期的风险降低效果。利用关键绩效指标（KPI）和其他评估工具，可以量化和监控风险管理措施的成效，发现不足之处并及时调整策略。这种持续评估过程不仅提升了风险管理的有效性，还增强了组织的整体风险应对能力。

3. 定期审查：定期审查风险管理计划和策略，能够确保其与最新信息和环境变化保持一致，这是提高风险管理效能的关键。通过持续更新和改进，组织可以更好地适应动态变化的风险环境，确保其应对措施始终有效和有前瞻性。

（五）持续循环

整个风险管理周期是一个持续的循环过程。风险识别与评估、并发应对策略、实施控制措施、监控和审查各个环节紧密相连，构成一个动态的管理体系。在这个体系中，每个环节相互依赖，相辅相成，确保风险管理的全面性和连贯性。随着时间的推移，组织的环境和风险状况可能会发生变化，新的风险可能出现，已有的风险可能演变或消失，因此，风险管理策略不能一成不变。为了保持其有效性和适应性，组织需要不断更新和优化风险管理策略，结合最新的信息、技术和实践，调整管理措施和流程。持续的监控和审查能够及时发现风险管理中的不足和改进机会，确保组织能够灵活应对不确定性和变化。通过这种动态的、循环的风险管理过程，组织可以提高其风险应对能力，增强业务的稳定性和韧性，保障长期可持续发展。

风险识别与评估是风险管理周期中的核心步骤，通过全面的风险识别、量化评估、制定和实施应对策略，以及持续的监控和审查，组织能够在动态变化的环境中有效管理和应对各种风险。这不仅提高了组织的韧性和稳定性，也为实现其战略目标提供了坚实的保障。

灾难应对与连续性计划

灾难应对与连续性计划是组织在面对突发事件或重大灾难时确保迅速恢复运营、减少损失和维持业务连续性的关键策略。这些计划通过系统化的准备和协调，确保在紧急情况下能够有效应对各种挑战，保障关键业务功能的持续运行。通过定期演练和更新，组织可以增强其应变能力和韧性，确保在动态环境中始终具备强大的风险管理和恢复能力。

一、灾难应对计划

灾难应对计划（Disaster Response Plan）是组织在灾难突发时迅速采取行动的指导文件，其旨在保护员工安全、减少损失并尽快恢复正常运营。该计划通过明确的应急程序、责任分配和资源配置，确保组织能够在灾难发生时快速响应和协调各方行动，从而最大限度地减轻灾难带来的影响和损害。关键要素主要包括以下几个方面。

（一）风险评估和分析

识别可能影响组织的各种灾难，如自然灾害、技术故障、恐怖袭击和流行病，并评估其可能性和影响，是制订有效灾难应对计划的重要步骤。通过系统化的风险评估，组织能够确定每种灾难发生的概率和潜在的影响范围，从而制定有针对性的预防和应对措施，确保在灾难发生时能够迅速反应，减少损失，保障业务连续性和员工安全。

（二）应急响应团队

组建一个跨部门的应急响应团队是灾难应对计划的重要组成部分。该团队应包括来自各个关键部门的代表，如管理层、IT、运营、人力资源、财务和安全等，确保覆盖组织的所有关键功能。明确各成员的职责和权限，使团队在灾难发生时能够迅速协调和采取行动，从而有效管理应急情况。团队成员应接受专门的应急响应培训，并定期进行模拟演练，以确保他们熟悉应急程序和各自的角色与责任。此外，应建立一个清晰的沟通和指挥链，确保信息流通顺畅，决策迅速和行动有序。通过这种全面的准备，组织能够在灾难发生时快速反应，最大限度地减少损失并尽快恢复正常运营。

（三）应急预案

制定详细的应急预案是确保组织在突发灾难发生时能够迅速有效应对的关键步骤。应急预案应包括疏散计划，明确安全撤离路线和集合点，确保所有人员能够迅速、安全地撤离。紧急通信机制应确保信息的及时传递和沟通，包括联系员工、应急服务和相关利益方。医疗救助安排应准备急救设备和医护人员，及时处理伤员。物资储备应包括必要的食品、水、药品和应急工具，以满足基本生存和应急需求。应急设施的使用应确保发电机、消防设备和其他关键设备的可用性和操作熟练度。通过这种全面的应急预案，组织能够在灾难发生时快速反应，保障人员安全，减少损失，并尽快恢复正常运营。

（四）培训和演练

定期对员工进行应急响应培训，并开展模拟演练，是确保在实际灾难中能够高效执行应急程序的关键措施。应急响应培训应涵盖各种可能的紧急情况，包括火灾、地震、化学危险品泄漏和其他突发事件，详细讲解应急预案中的各项内容，如疏散路线、紧急通信方法、医疗救助程序和应急物资使用等。此外，培训还应包括如何识别和报告风险、使用应急设备、执行安全措施等技能。通过模拟演练，员工可以实地练习应急程序，熟悉各自的角色和职责，增强应对突发事件的信心和能力。模拟演练应尽可能真实地模拟灾难场景，测试组织的应急响应能力和协调性，并在演练结束后进行详细评估，总结经验教训，不断完善应急预案和培训内容。通过这种系统化和持续性的培训与演练，组织可以确保所有人员在实际灾难中能够高效、安全地执行应急程序，以最大限度地减少损失和影响。

（五）沟通机制

建立有效的内部和外部沟通机制，是确保在灾难发生时能够及时传达重要信息、协调各方资源的关键措施。有效的沟通机制应包括多层次、全方位的信息传递渠道，确保信息能够迅速、准确地传达至所有相关人员和部门。

1. 内部沟通机制

（1）明确的指挥链

确保组织内有一个清晰的指挥链，在灾难发生时明确谁负责决策和指挥至关重要。这样可以防止混乱，确保每个人知道从谁那里获取指令并向谁报告，确保应急响应的高效协调。通过明确的职责分配和权责体系，组织能够快速反应和采取行动，最大限度地减少灾难的影响并迅速恢复正常运营。

（2）多种通信工具

利用多种通信工具，如手机、电子邮件、即时消息应用、对讲机和内部广播系统，以确保在任何情况下都能传达信息。对不同级别的紧急情况制订通信计划，确保关键信息能快速传播到各个层级。

（3）应急通信计划

制订应急通信计划是确保在灾难发生时信息能够迅速、准确传达的关键措施。应急通信计划应详细列出所有关键人员和团队的联系方式，包括主要联系人、替代联系人和具体职责，确保每个环节都有明确的沟通渠道。定期更新和分发这些信息，确保其始终准确和最新，能够在紧急情况下快速找到相关负责人，协调应急响应。通过这种详细而动态的通信计划，组织可以有效地管理紧急信息流，提升整体应急反应能力和组织韧性。

2. 外部沟通机制

（1）与外部应急机构的联系

建立与当地消防、警察、医院等应急服务机构的联系渠道，是确保在必要时能够快速获得帮助的关键措施。通过日常合作，组织可以熟悉应急服务的操作流程和资源情况，建立信任和协调机制。在紧急情况下，优先通信线路确保信息能够迅速传达，快速调动必要的援助和支持。这种预先建立的联系渠道，不仅提高了应急响应的效率和效果，还增强了整体安全性和组织的应急准备能力。

（2）与供应链伙伴的沟通

维持与供应商、客户和合作伙伴的沟通，确保在灾难发生时能够协调资源和行动。例如，与供应商商定应急供应协议，确保关键物资的及时供应。这种持续的沟通和预先安排，有助于在紧急情况下快速响应，保障业务连续性和供应链的稳定性。

（3）媒体和公众信息发布

制订应急信息发布计划是确保在灾难发生时能够及时、准确地向媒体和公众传达信息的关键措施。该计划应明确指明在紧急情况下的沟通策略和步骤，指定专门的发言人负责对外发布信息。这些信息应通过新闻发布会、社交媒体、官方网站等多种渠道迅速传播，确保公众和相关利益方能够获取可靠的消息。这样不仅有助于防止谣言和误导信息的传播，还能建立公众信任，减少恐慌，促进合作与支持。通过提前规划和演练，应急信息发布计划能够在实际灾难中有效运作，帮助组织在危急时刻保持透明度和公信力，确保应对措施顺利进行。

3. 综合沟通策略

（1）沟通计划的整合

将内部和外部沟通计划整合到一个统一的应急响应框架中，确保信息传递的一致性和协调性。制定一个全面的沟通策略，涵盖从内部员工到外部利益相关者的所有沟通需求。这样可以确保在紧急情况下，各方能够迅速获取准确信息，协调行动，从而提高应急响应的效率和效果，保障组织在危机中的稳定运营。

（2）实时监控和反馈

在灾难发生期间，建立实时监控和反馈机制是确保信息传递效果和及时调整沟通策略的关键措施。通过使用信息技术工具，如数据分析和实时监控系统，组织可以连续跟踪信息的传递情况，识别任何延误或误传问题。这种实时监控能够提供及时反馈，使组织能够迅速调整沟通策略，确保信息流得顺畅和高效。利用先进的数据分析工具，组织可以分析大量沟通数据，发现潜在的"瓶颈"和改进机会。这样不仅提高了信息传递的准确性和及时性，还增强了整体应急响应的协调性和灵活性，使组织能够在复杂和快速变化的灾难环境中仍然保持有效的沟通和高效的应对。

（3）持续改进

在每次演练和实际灾难后，收集反馈信息是改进沟通机制的重要步骤。通过详细记录和分析演练或实际应对过程中出现的问题和成功之处，组织能够总结出宝贵的经验教训。这些反馈信息可以揭示沟通中的薄弱环节、信息传递的障碍以及团队协调的不足之处，从而为未来的改进提供依据。

总结经验教训应包括对所有相关人员的意见和建议进行汇总，确保每个层级和部门的声音都能被听到。通过这种全面的反馈收集，组织能够获得多维度的视角，了解实际操作中的细节和复杂性。在总结经验教训的基础上，不断改进沟通机制是提升应急响应能力的关键。改进措施可能包括更新应急预案、加强培训、优化技术工具和流程等。组织应确保这些改进措施被有效实施，并在下一次演练或实际应对中验证其效果。定期审查和更新沟通计划是确保其始终符合最新的组织需求和外部环境变化的必要步骤。组织的业务环境、技术条件和外部威胁不断变化，沟通计划必须动态调整以保持其有效性。审查应包括对关键联系人的更新、技术工具的升级以及新威胁和风险的评估。通过定期审查和更新，组织能够确保其沟通计划始终具有前瞻性和适应性，能够快速响应任何突发情况。

持续改进沟通机制和定期审查更新沟通计划，使组织能够在动态变化的环境中保持高效的应急响应能力。这不仅提升了内部和外部沟通的协调性和一致性，也增强了整体风险管理的韧性和可靠性，确保在任何灾难情况下都能迅速恢复和持续运营。

二、连续性计划

连续性计划（Business Continuity Plan， BCP）是组织为应对突发事件或灾难造成的业务中断而制订的综合计划，旨在确保关键业务功能的持续运行或在最短时间内恢复。通过系统化的准备和协调，BCP能够帮助组织在面对各种不可预见的挑战时保持运营的连续性和稳定性，最大限度地减少损失并迅速恢复正常业务运作。

（一）业务影响分析（BIA）

评估关键业务功能及其在中断情况下对组织的影响是制订连续性计划的重要步骤。识别和列出组织的所有关键业务功能，评估每个功能在业务连续性中的重要性。分析每个业务功能在中断情况下对组织的潜在影响，包括财务损失、运营效率下降、客户服务中断和品牌声誉受损等方面。根据这些影响，确定每个业务功能的优先级，明确哪些功能必须首先恢复。制定恢复时间目标（RTO），即在灾难发生后各关键业务功能需要在多长时间内恢复运作。RTO的确定需考虑组织的业务需求、客户期望和合规要求，从而确保在灾难发生时能够迅速恢复关键业务功能，减少损失和运营中断的影响。

（二）恢复策略

制定各种业务功能的恢复策略，如数据备份与恢复、替代工作场所、关键供应链和资源的冗余配置等。

1. 数据备份与恢复

数据备份与恢复策略是保护关键业务数据免受灾难影响的重要措施。组织应实施定期数据备份，确保所有重要数据都在安全的存储介质或云端进行存档。备份频率应根据数据的重要性和变化频率进行调整，如每日、每周或每月。数据恢复计划应详细说明在数据丢失或损坏时如何快速恢复数据，包括所需的软件工具、恢复步骤和负责人员。为了确保恢复策略的有效性，定期进行数据恢复演练，验证备份数据的完整性和可用性。

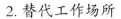

2. 替代工作场所

在灾难导致主要工作场所无法使用时，替代工作场所的策略能够确保业务连续性。组织应预先安排备用办公地点，配备必要的基础设施和设备，以便员工能够迅速转移并继续工作。这些替代地点可以是同城的备用办公室、异地分支机构或与其他企业共享的临时办公空间。详细的搬迁计划应包括转移设备和文件的步骤、通信设施的配置以及员工的交通安排。此外，还可以考虑远程工作方案，提供远程访问工具和安全链接，确保员工能够在家或其他安全地点继续工作。

3. 关键供应链和资源的冗余配置

关键供应链和资源的冗余配置是确保在供应链中断时仍能维持业务运作的重要策略。组织应识别并建立多个供应商关系，确保在一个供应商无法履约时，其他供应商可以迅速补位。与供应商签订应急供应协议，确保关键物资的及时供应和优先配送。对于关键资源，如生产设备、原材料和信息系统，进行冗余配置，保证在主系统故障时有备用系统或设备可以立即启用。此外，实施供应链监控和风险评估，及时发现和解决潜在问题，确保供应链的稳定性和连续性。

4. 制定和实施恢复策略的综合管理

为了确保各项恢复策略的有效性，组织应制定综合的管理框架，整合所有恢复措施。首先，通过建立跨部门协调机制，确保各部门在制定和实施恢复策略时保持一致，定期召开协调会议，讨论和更新恢复计划。其次，合理分配资源，包括人力、物力和财力，确保所有恢复措施都能得到充分支持，并设立专项应急资金，用于灾难发生后的快速响应。组织还应定期进行恢复演练和测试，通过模拟真实的灾难场景，验证各项策略的有效性和可操作性，特别是数据恢复、替代工作场所搬迁和供应链冗余配置等措施的实际效果。最后，通过收集演练和实际事件中的反馈，持续改进恢复策略，根据最新的业务需求和外部环境变化，定期审查和更新恢复计划。通过这些步骤，组织能够确保恢复策略的全面性和灵活性，提升整体应急响应能力和业务连续性。

通过制定详细的恢复策略，如数据备份与恢复、替代工作场所、关键供应链和资源的冗余配置等，组织能够在灾难发生后迅速恢复关键业务功能，减少损失和中断所带来的影响。把这些策略整合到综合管理框架中，能够确保各项措施得到有效实施和持续改进，从而提升组织的整体韧性和应急响应能力。

（三）危机管理团队

组建专门的危机管理团队是确保在业务中断时实施连续性计划的关键措施。这个团队应由来自各关键部门的成员组成，具备快速决策和协调能力，负责在危机发生时全面指挥和协调恢复工作。他们应接受过专门培训，熟悉连续性计划的各个环节，能够在紧急情况下有效沟通和分配资源，确保各部门的恢复工作有序进行。通过这种专门的团队配置，组织可以迅速响应业务中断，减少损失，确保业务功能的及时恢复和持续运营。

（四）技术支持

确保关键IT系统和数据有备份，并在灾难发生后能迅速恢复，是保障业务连续性的核心措施。组织应定期进行全面的数据备份，选择可靠的存储解决方案，包括本地存储和云存储，以防止数据丢失。同时，利用云计算和灾难恢复服务，确保在任何突发事件中都能迅速恢复关键IT系统。这些服务提供异地备份和自动化恢复功能，确保数据和系统的高可用性和快速恢复。通过这种全面的备份和恢复策略，组织可以有效应对灾难，保持运营的连续性和稳定性。

（五）供应链管理

与供应商和合作伙伴建立紧密联系是确保供应链弹性和应急响应能力的关键措施。组织应与供应商和合作伙伴保持定期沟通，了解其生产能力、库存水平和应急计划，确保在突发事件时能够迅速响应。签订应急供应协议，明确各方在紧急情况下的职责和优先供应安排，以保证关键物资的及时供应和分配。建立多元化供应链，通过增加供应商数量和地理分布，减少对单一供应商的依赖，增强供应链的弹性。此外，还应定期与供应商和合作伙伴进行应急演练，模拟各种灾难情景，测试供应链的应急响应能力和协调效率。通过这些措施，组织能够在面临突发事件时迅速调整供应链策略，确保关键资源的持续供应，保持业务运营的连续性和稳定性。

（六）定期审查和更新

定期审查和更新连续性计划是确保其持续有效性的重要步骤，尤其是面对业务变化、技术进步和风险环境的动态变化。随着组织的业务发展和扩展，新的业务流程和关键功能可能会出现，这需要在连续性计划中及时反映和更新，以确保所有关键业务功能都得到充分保护。技术的快速进步也要求组织不断更新其连续性计划。例如，新的数据备份技术、云计算服务和灾难恢复解决方案的应用，可以显著提升业务恢复的速度和可靠性。与此同时，风险环境也在不断变化，新出现的威胁，如网络攻击、自然灾害频发和全球疫情，要求组织的连续性计划具备更强的适应性和灵活性。通过定期审查和更新计划，组织可以识别和改善潜在的薄弱环节，优化资源配置，确保应急措施的可操作性和高效性。此外，定期的演练和测试是验证更新计划有效性的关键，通过实际操作和模拟演练，检验新措施的实用性和可靠性，确保在实际灾难中能够有效执行。最终，这种持续改进和动态调整的过程，不仅增强了组织应对突发事件的能力，也提升了整体风险管理水平，确保业务的连续性和长期稳定发展。

三、灾难应对与连续性计划的综合管理

灾难应对和连续性计划应被视为综合管理体系的一部分，纳入组织的整体风险管理框架。

（一）整合应对和连续性计划

确保灾难应对计划和连续性计划无缝衔接，从紧急响应到长期恢复，形成一个完整的应急管理流程，是实现高效应急管理的关键。灾难应对计划旨在立即应对突发事件，保护生命和财产安全，通过明确的应急响应措施迅速控制局面。连续性计划则专注于在初步危机过后恢复和维持关键业务功能，确保在最短时间内恢复正常运营。通过将这两者有机结合，组织能够在灾难发生时迅速启动应急响应措施，随后顺利过渡到业务恢复阶段，避免任何中断和混乱。建立一体化的应急管理流程，包括明确的责任分工、协调机制和持续的演练与改进，组织可以确保在任何突发事件中都能高效应对和快速恢复，保障业务的连续性和稳定性。

（二）持续监控和改进

建立持续监控机制，定期评估应对和连续性计划的有效性，收集演练和实际事件中的经验教训，是确保计划始终有效的关键。通过持续监控，组织可以及时发现和解决潜在问题，保证应急措施的实用性和可靠性。定期评估和分析收集到的反馈，有助于不断改进和优化应对策略和连续性计划，从而

增强组织的应急响应能力和业务连续性。

（三）高层支持和参与

确保高层管理者的支持和参与是实施有效灾难应对和连续性计划的基础。高层管理者的积极参与不仅能够为计划提供必要的资源和决策支持，还能在组织内推动和强化风险意识文化。他们的承诺和投入能够确保各部门协调一致，落实应急和恢复措施。通过定期参与风险评估会议、审查计划和参与演练，高层管理者能够展示对风险管理的重视，激励全体员工积极参与，共同提升组织的应急响应能力和业务连续性保障水平。

（四）利益相关者参与

与客户、供应商、合作伙伴和其他利益相关者保持沟通和合作，是确保在灾难发生时各方能够协同作战的关键。通过建立紧密的联系和明确的沟通渠道，各方可以迅速协调资源和行动，减少业务中断的影响，确保供应链的连续性和客户服务的稳定性。这种合作不仅能够提高整体应急响应的效率，还可以增强各方的信任和长期合作关系。

（五）法律和合规要求

遵循相关法律法规和行业标准是确保灾难应对和连续性计划符合合规要求、避免法律和监管风险的重要措施。合规性不仅能保障组织在灾难发生时的合法性，还能提高应急响应的有效性和可靠性。通过遵守规定的标准和要求，如数据保护法、行业最佳实践和安全标准，组织能够确保其应急计划在实施过程中不会触犯法律，同时也能更好地保护员工、客户和业务合作伙伴的权益。定期审查和更新应急计划，确保其与最新的法律法规和行业标准保持一致，不仅有助于避免法律和监管风险，还能增强组织的信誉和客户信任度。此外，合规性审查和认证可以作为外部监督的一部分，以确保应急措施的持续改进和优化，从而提升整体风险管理水平。通过这种全面的合规性管理，组织能够在复杂的法律环境中稳健运营，确保业务的连续性和长期发展。

灾难应对与连续性计划是组织在面对突发事件和重大灾难时确保业务持续性和稳健性的关键措施。通过风险评估、应急预案、业务影响分析、恢复策略、技术支持和持续改进，组织能够在灾难发生时迅速响应、有效恢复，以最大限度地减少损失，维护客户信任和市场竞争力。有效的灾难应对与连续性计划不仅是应对危机的基础，也是提高组织韧性和长期发展的保障。

7

持续改进与精益物流

精益管理原则在物流中的应用

精益管理原则在物流中的应用旨在通过减少浪费、提高效率和增加客户价值来优化物流操作。通过系统化地识别和消除各类浪费，持续改进流程，优化价值流，实施看板管理，减少不确定性和变异，并应用先进技术和自动化手段，精益管理使物流系统更加高效、灵活和响应迅速，从而提升整体运营绩效和客户满意度。

一、消除浪费

（一）识别和减少七种浪费

在物流中，浪费主要包括运输、库存、搬运、等待、过度加工、过量生产和缺陷。通过识别这些浪费并采取相应的措施加以消除，物流运营可以大幅提高效率。例如，通过优化运输路线和调度系统，可以减少不必要的运输和等待时间，从而降低燃料消耗和运营成本。

1. 运输浪费

运输浪费指不必要的运输活动导致资源和时间的浪费。为了减少这种浪费，企业可以优化运输路线和调度系统，选择最短路径和高效的运输方法，减少无效运输和重复运输。使用先进的运输管理系统（TMS），可以实时监控和调整运输路线，确保车辆的高效利用。此外，通过分析运输数据，识别与消除"瓶颈"和低效环节，企业可以进一步提高运输效率，降低燃料消耗和运营成本。这种综合的运输优化策略不仅减少了浪费，还提高了整体物流效率和客户满意度。

2. 库存浪费

库存浪费包括过量库存和过时库存，这些情况不仅占用大量资金和存储空间，还增加了管理复杂性和潜在损耗。为了解决这一问题，企业可以采用精益库存管理策略，如 JIT（Just In Time），确保物料和产品在需要时才到达，从而减少库存量。JIT策略能够有效地减少库存持有成本和空间占用，降低过时库存的风险。与此同时，实施库存管理系统（WMS）可以实时监控库存水平，通过精确的数据分析和预测需求，帮助企业避免过量存储和库存积压。WMS系统能够提供实时库存数据，支持动态调整和优化库存配置，确保供应链的高效运行。结合JIT和WMS，企业不仅能够大幅减少库存浪费，还能提高资金利用效率和库存管理水平，最终提升整体运营效益和客户满意度。

3. 搬运浪费

搬运浪费是指在仓库或生产过程中，物料或产品的多次搬运和不必要的移动。这不仅消耗大量人力和时间，还增加了物料损坏和操作错误的风险。为了减少这种浪费，企业可以通过优化仓库布局，确保物料和产品的流动路径最短，从而减少搬运距离和次数。合理规划货架、存储区和工作区的位置，使物料流动更加顺畅。引入自动化设备，如输送带和自动导引车（AGV），能够显著提高搬运效率和精确度。这些自动化设备不仅减少了人工搬运的劳动力需求，还提高了搬运的速度和一致性，减少了人为操作错误和物料损坏的可能性。自动化设备可以实现全天候运作，进一步提升仓库运营效率和响应速度。通过这些措施，企业可以有效降低搬运浪费，提升整体物流效率和运营效益。

4. 等待浪费

等待浪费是指由于流程不协调或资源分配不当，导致物料或人员的闲置时间。为减少这种浪费，企业可以通过流程优化，确保各环节无缝衔接，减少等待时间。实施生产计划和调度系统，可以实时调整生产和物流活动，及时应对变化，避免"瓶颈"和延误。这些措施不仅提高了整体效率，还减少了资源浪费，提升了生产和物流的协调性和市场响应速度。

5. 过度加工浪费

过度加工浪费是指在生产和处理过程中进行不必要的加工步骤，这种浪费不仅增加了生产成本，还延长了生产周期。为解决这一问题，企业可以通过深入分析和简化生产流程，去除不增值的加工步骤，确保每一个加工环节都为最终产品增加实际价值。这可以通过流程分析工具和价值流图等方法来实现，识别并消除那些不必要或重复的步骤。与此同时，实施全面的质量管理体系，确保加工过程严格按照标准进行，减少因不符合规格而产生的返工和重复工作。质量管理体系可以包括标准操作程序（SOP）、质量检查点和持续改进机制等，确保产品在每个阶段都达到质量要求，从而减少过度加工浪费。通过这些改进措施，企业不仅可以提高生产效率，降低成本，还能保证产品质量的一致性和客户满意度。

6. 过量生产浪费

过量生产浪费是指生产超过需求的产品，导致库存积压和资源浪费。为解决这一问题，企业可以根据实际需求进行生产，避免盲目生产和库存过剩。实施拉动生产系统，如看板系统，确保生产量与市场需求相匹配，从而减少过量生产带来的浪费。这种系统通过实时反馈市场需求，调整生产计划和节奏，确保每一个生产环节都与实际需求紧密相连。此外，企业还可以使用先进的需求预测工具，结合大数据分析和人工智能，提高生产计划的准确性。这些工具可以分析历史销售数据、市场趋势和季节性变化，预测未来需求，从而制订更加科学的生产计划。通过这些措施，企业能够大幅减少过量生产浪费，优化资源配置，降低运营成本，提升整体运营效率和市场响应速度。

7. 缺陷浪费

缺陷浪费是指由于产品质量问题而导致的返工、报废和客户投诉，这不仅增加了生产成本，还损害了企业的声誉。为减少这种浪费，企业可以建立严格的质量控制体系，实施全面质量管理（TQM），从源头上减少产品缺陷。通过TQM，把质量控制贯穿于产品生命周期的每个阶段，以确保每一步都符合高质量标准。定期培训员工，提高他们的操作技能和质量意识，使每个员工都成为质量管理的一部分。使用先进的检测设备，可以快速且准确地发现质量问题，防止次品流入下一环节或市场。通过这些措施，企业不仅可以减少缺陷浪费，还能提升产品的整体质量和客户满意度，增强市场竞争力。

识别和消除运输、库存、搬运、等待、过度加工、过量生产和缺陷等浪费，可以显著提高物流运营的效率和降低成本。具体措施包括优化运输路线、改进库存管理、合理布局仓库、简化生产流程、实施拉动生产系统和加强质量控制。这些精益管理实践有助于提升物流系统的整体绩效，增强竞争力和客户满意度。

（二）精准库存管理

采用精益库存管理策略，如 JIT（Just In Time），可以减少库存过量带来的存储成本和过时风险。通过与供应商和客户的紧密合作，确保物料和产品在需要时及时到达，避免库存积压和短缺。

1. 降低库存成本：JIT策略通过精确控制库存水平，显著降低了企业在存储和管理库存方面的成本。由于仅在需要时才生产和交付产品，企业不必保有大量的仓库空间用于存放物料和成品。这样不但减少了对库存管理的复杂性和成本，而且避免了大量资金被固定在库存中，无须频繁购买和维护库存。因此，企业能够更有效地利用这些资金进行其他投资或运营活动，从而提高了资金周转率和整体财务健康。

2. 减少过期风险：定时生产和交付可以有效避免产品或物料因长时间存放而导致过期，特别是在对保质期要求严格的行业中，如食品和药品。这种方法有助于降低食品和药品行业因库存积压而产生的损失风险，同时确保产品的新鲜度和质量符合消费者的期望。

3. 提高生产效率：JIT策略通过按需生产的方式，有效减少了不必要的生产阻塞和等待时间，从而使得生产过程更加高效和流畅。通过精准地根据实际需求安排生产活动，企业能够避免因过多的库存而导致的生产压力和资源浪费。这种优化可以显著降低生产成本，因为企业不再需要为大量未售出的产品支付额外的生产和储存费用。此外，JIT还能够提高整体生产线的效率，通过优化生产排程和资源利用，减少生产线上的空闲时间和物料浪费，从而加速产品流通和市场响应速度。这种高效的生产方式不仅有利于降低企业的运营成本，还能提升产品质量和客户满意度，使企业在竞争激烈的市场中保持竞争优势。

4. 增强供应链透明度和稳定性：供应商和客户之间建立紧密的协作和信息共享机制对企业的运作至关重要。这种合作能力使企业能够通过实时信息的传递和共享，更准确地预测市场需求的变化。通过及时的信息反馈，企业能够灵活调整生产计划和供应链管理策略，有效避免因需求波动而引发的库存积压或产品短缺问题。供应商与客户之间的密切联系还有助于迅速解决潜在的供应链中断问题，如物料短缺或运输延误，确保生产线的持续稳定运转并及时完成订单交付。通过积极推动供应链协作和信息共享，企业不仅提升了适应市场变化的能力和灵活性，还显著减少了由供应链问题可能带来的经济损失和声誉风险。

5. 提高产品质量和客户满意度：JIT通过精简库存和流程，有效减少了浪费，使企业能够专注于提升产品质量。通过及时交付和快速响应客户需求，企业能够提升客户满意度，增强在市场上的竞争力。这种策略不仅有助于优化资源利用和降低成本，还能加强企业的品牌形象，确保产品在质量和服务方面达到或超越客户期望，从而增强市场地位和长期客户关系的稳固性。

精益库存管理策略（如 JIT）不仅是一种库存管理方法，更是一种整体运营和供应链管理的哲学。它通过减少浪费、优化资源利用和加强合作，帮助企业在如今竞争激烈的市场中保持灵活性和效率。

二、持续改进

（一）持续优化流程

持续改进（Kaizen）方法在物流企业中的应用是一种追求不断进步的文化和实践。通过这种方法，企业鼓励和激励员工参与到流程优化中来，他们被鼓励提出改进建议，因为他们在日常工作中常常能够发现那些管理人员未曾发现的问题，并通过定期的团队会议和培训来实施这些小幅度的改进。这种过程不仅仅是为了降低成本和提高效率，更是为了培养员工参与和创新的文化，使得整个团队对公司的成功充满信心。

（二）标准化作业

制定并实施标准操作程序（SOP）对于物流企业至关重要，它能够确保所有员工在执行任务时按照最佳实践进行操作。通过明确定义的SOP，企业能够建立起一套统一的工作流程和操作标准，这不仅可以提高生产和服务的效率，还能有效减少错误和不一致性的发生。标准化操作不仅有助于优化资源利用和降低成本，还能提升服务质量和客户满意度。通过确保每位员工在执行任务时都遵循同一套流程和标准，企业能够建立起可靠的品牌形象，确保产品和服务在质量和一致性方面达到或超越客户期望。此外，SOP还为企业提供了有效的培训和监督工具，使新员工能够快速适应工作环境，并帮助现有员工持续改进和提升工作效率。因此，通过制定和实施SOP，物流企业不仅能够在竞争激烈的市场中保持领先地位，还能为长期发展打下坚实的基础。

三、价值流图

（一）分析和优化价值流

使用价值流图（Value Stream Mapping）分析整个物流流程，从供应商到最终客户，是一种系统性的方法，用来识别和理解每个环节的增值活动和非增值活动。增值活动指直接为客户创造价值的活动，如加工、装配和交付产品；而非增值活动则是间接为客户创造价值的活动，如等待、运输中的停滞和处理缺陷等。通过细致的分析，价值流图能够帮助企业清晰地看到哪些环节存在浪费和不必要的活动，从而识别出改进的空间。

优化价值流中的每个环节可以显著提高整体效率和客户满意度。通过减少或消除非增值活动，例如减少等待时间或优化物流路径，企业可以加快产品或服务的交付速度，提升生产力和资源利用率。此外，优化增值活动，如改进生产工艺或增强产品质量管理，有助于提高产品或服务的质量水平，增强市场竞争力和客户忠诚度。展开这种持续的改进过程，需要企业在分析价值流的基础上制订具体的改进计划，并通过团队协作和培训确保这些改进得以实施和持续。通过这种系统的优化方法，物流企业能够更有效地满足市场需求，提升运营效率，同时保持良好的经济效益和客户关系。

（二）流动生产

在物流操作中实现流动生产，可以确保物料和产品在各个环节无缝流动，从而减少中断和等待时间。流动生产要求物流系统各部分高度协调和同步，以实现快速、高效的物流操作。

1. 流程优化和布局设计：流动生产要求物流系统的各个部分高度协调和同步。首先，需要对物流流程进行全面的优化和布局设计。优化布局可以确保物料和产品在从供应商到最终客户的每个环节中都能够顺畅流动，避免不必要的运输、储存或处理步骤。

2. 节奏控制和节拍设计：实现流动生产的关键在于精确控制物流系统的节奏和设计适当的节拍。节奏控制不仅涉及物料和产品在生产流程中的移动速度和时间安排，还包括确保各个工作站或环节之间的协调和同步。通过设计合适的节拍，可以有效减少物料和产品在流动过程中的等待时间和停滞现象，从而提高整体生产效率和响应能力。这种精确的节奏控制不仅有助于降低生产成本和资源浪费，还能保证产品的及时交付和服务质量，使企业能够在竞争激烈的市场环境中保持灵活性和竞争力。

3. 可视化和标准化：为了确保物流操作的高效运行，可视化管理和标准化工作流程是至关重要的策略。通过可视化管理，物流企业可以将整个操作过程以图表、工作流程图的形式清晰地展示出来，使得所有工作人员都能够直观地理解整体运作流程和各环节之间的关联。

标准化工作流程则确保每个操作员在执行任务时都能按照事先设定的清

晰工作标准和流程指导进行操作。这包括明确定义每个步骤的操作规程、所需的时间、质量标准以及责任人等信息。通过设立清晰的工作标准，物流企业可以有效降低操作过程中出现错误和延误的风险，提高工作的一致性和准确性。具体而言，可视化管理可以通过在物流场地上设置视觉标识、指示牌和信息看板，以及利用数字化技术（如物联网设备或生产管理系统）来实现。这些工具可以帮助员工在操作中快速获取必要信息，及时调整工作流程，避免不必要的停顿和冗余操作，从而提升整体生产效率和客户服务水平。

标准化工作流程也可以通过定期的培训和沟通确保员工了解和遵守最佳实践。这种系统化的方法不仅有助于优化资源利用和降低成本，还能增强物流操作的透明度和可追溯性，进一步提升企业的运营效率和市场竞争力。

4. 供应链协同和信息共享：实现流动生产关键在于确保物流系统内外各环节之间高效地协同和信息共享。这包括与供应商和客户建立紧密的联系和协作机制，以保证物料供应和订单交付的及时性，从而有效减少供应链中断的风险。通过定期的沟通会议、共同制订的计划和目标，以及信息技术工具（如共享平台和电子数据交换系统）的支持，企业能够实现供应链各环节的协调运作。这种协作机制不仅有助于优化物流流程和资源利用，还提高了生产响应速度和客户满意度，进而增强了企业在激烈的市场中的竞争力和业务稳定性。

5. 持续改进和学习文化：流动生产不是一次性的实现，而是一个持续改进和学习的过程。物流企业需要建立起持续改进的文化，通过定期的评估和反馈机制，识别和解决潜在的"瓶颈"和问题，不断优化物流系统的运作效率和响应能力。

通过详细论述上述分点，物流企业能够深入理解和有效实施流动生产策略。这一策略不仅有助于提高整体运营效率和降低成本，还能显著增强企业在市场竞争中的地位。通过优化物流系统内外各环节的协同和信息共享，企业能够有效应对市场需求的变化，确保及时物料供应和订单交付，从而减少供应链中断的风险。这种持续优化不仅能提升生产响应速度，还能提高客户体验和满意度，进而增强企业长期的客户关系和市场声誉。

四、看板管理

（一）看板系统

在仓库和运输中实施看板系统是一种有效的可视化管理方法，用于管理库存和物料流动。看板卡片通过实时显示库存状态、需求和供应情况，可以帮助员工及时掌握和调整物料和产品的补充情况，从而避免库存过多或过少的问题。具体来说，看板系统通过将库存和物料流动的信息直观化，使得仓库管理人员和运输团队能够快速了解当前库存水平和需求预测。看板卡片通常包括标识物料位置、数量和更新时间等关键信息，这些信息能够帮助管理人员准确决策，确保及时调整补给和运输计划，以满足生产和客户需求。看板系统还促进了内部各部门之间的协作和沟通。通过共享同一视觉化信息平台，不同部门能够实时了解物料和产品的状态，协调工作计划和优化资源分配，从而提高整体运营效率和响应速度。

看板系统在仓库和运输管理中的应用不仅简化了信息管理和决策过程，还提升了工作效率和准确性。通过有效的可视化管理，物流企业能够更加灵活地应对市场变化，降低库存成本，优化物料流动，从而增强竞争力，并提升客户满意度。

（二）拉动系统

采用拉动系统是一种基于客户需求驱动的生产和配送管理方法，与传统的推动式生产方式相比，它能够更加精确地调整生产和供应链活动，以避免库存过剩和生产过剩的问题。通过拉动系统，企业根据实际客户订单和需求，可以精确计划和控制生产进程，仅在订单确认后启动生产和配送即可，而不必提前预测市场需求并推送产品到市场。这种方法能显著减少库存水平，因为企业只需维持所需的安全库存量，避免了长期储存和库存积压带来的成本和风险。同时，拉动系统也能大幅提升企业的市场响应速度，因为生产和配送活动紧密根据实际订单进行调整，减少了等待时间和不必要的资源浪费。关键在于，拉动系统强调供应链各环节的紧密协调和高效沟通，确保生产能够及时响应客户需求，并通过实时信息共享和反馈机制，快速调整生产计划和物流安排。这种方式不仅提高了整体运营效率，还显著增强了客户满意度，因为产品能够按时交付并满足客户具体的定制需求。

采用拉动系统不仅有助于降低企业的运营成本和风险，还能提升生产和供应链的灵活性和适应能力，从而在竞争激烈的市场中保持竞争优势，并建立稳固的客户关系基础。

五、减少不确定性和变异

（一）供应链协作

与供应商和客户的紧密协作，企业能够有效减少供应链中的不确定性和变异。共享信息、共同规划和协调行动成为实现这一目标的关键策略。通过共享实时数据和市场信息，企业能更精确地预测需求变化，及时调整生产计划和物流安排，以满足客户需求。共同规划则使得供应商能够根据客户的实际需求进行准确的生产和供应，避免因信息不对称而导致的供应链断裂或延误。协调行动包括共同制订供应链策略和应对计划，确保在市场波动或突发情况下能够迅速做出反应，保持供应链的稳定性和可靠性。这种紧密协作不仅提升了供应链的可视性和透明度，还显著降低了运营风险，增强了企业在市场竞争中的灵活性和反应速度，从而促进了长期的合作关系和持续的业务增长。

（二）需求预测和计划

应用先进的需求预测和计划工具是提升物流运营效率和确保系统稳定性的重要手段。这些工具利用数据分析和预测算法，能够准确地预测市场需求的变化趋势和波动，从而帮助企业优化生产和配送计划。具体而言，先进的需求预测工具基于历史销售数据、市场趋势、季节性因素以及其他相关因素进行分析，提供精准的需求预测结果。这些预测结果不仅考虑到产品的季节性波动和市场变化，还能在一定程度上预见突发事件或市场趋势的影响，从而帮助企业做出及时的调整和反应。通过准确的需求预测，企业可以优化生产计划，确保生产能够与需求保持平衡，避免因过量生产而导致的库存积压或因生产不足而引发的供应短缺。同时，配送计划也能够根据预测的需求量和地理分布优化路线和资源分配，提高配送效率和准时率。先进的计划工具不仅限于需求预测，还包括生产调度、库存管理、供应链协调等功能，通过综合运用这些工具，可以实现物流系统内各环节的协同和优化，进而确保整体物流系统的稳定性和高效运行。

应用先进的需求预测和计划工具不仅能够降低物流运营中因需求波动而

带来的不确定性，还能提升企业的市场响应能力和客户满意度。这些工具的应用不仅是提升物流效率的关键，也是企业在竞争激烈的市场中保持竞争优势的重要战略之一。

六、技术和自动化

（一）自动化仓储和配送

利用自动化技术如自动化仓储系统、机器人和无人驾驶运输工具，可以显著提升物流操作的效率和准确性。这些技术不仅能减少人工错误，还能大幅降低劳动成本并提高操作速度。自动化仓储系统能够通过自动化的货物存放和检索流程，实现更快速、精准的库存管理，从而减少人为操作的时间和错误的可能性。机器人在仓库内的应用则可以执行重复性高、工作量大的任务，如货物搬运和包装，不仅提升了作业效率，还保证了操作的一致性和安全性。无人驾驶运输工具则能够在物流运输过程中实现自主导航和智能路径规划，减少人为驾驶带来的误差和时间成本，同时提高了运输效率和安全性。综合利用这些自动化技术，物流企业能够有效降低运营成本，提升客户服务水平，以及在竞争激烈的市场中保持领先地位。

（二）信息技术

实施信息技术解决方案如运输管理系统（TMS）、仓库管理系统（WMS）和企业资源计划（ERP）系统，是提升物流运营效率和管理能力的关键步骤。这些系统通过集成数据和自动化流程，帮助物流企业实现对运输、库存和订单等关键活动的实时监控和管理。运输管理系统（TMS）有效优化运输路线和运输成本，通过智能的路径规划和实时跟踪，提高了运输效率和交付准时率。仓库管理系统（WMS）则通过自动化库存跟踪和管理，提升了库存精度和作业效率，减少了库存损耗和错误。企业资源计划（ERP）系统整合了企业内各个部门的信息流，从销售订单到供应链管理，实现了全面的业务流程集成和数据共享，使企业能够更快速、准确地做出决策，优化资源配置，提高整体运营效率和响应能力。

这些信息技术解决方案不仅提升了物流运营的可视性和控制力，还优化了企业内部流程，减少了人为错误和时间浪费，从而降低了运营成本并提高了客户满意度。通过实时数据分析和综合报告，企业能够更加深入地理解和优化物流运作，及时应对市场变化和客户需求，为企业在竞争激烈的市场中赢得更大的竞争优势。

七、持续培训和发展

定期对员工进行精益管理培训是推动组织持续改进和效率提升的关键措施。通过这些培训，员工不仅能够深入理解精益管理的核心原则和方法，还能掌握实际操作中的技能和技巧。精益管理培训不仅仅是传授知识，更是培养员工的改进意识和解决问题的能力，使他们能够在日常工作中识别和消除浪费，优化流程并提升工作效率。持续地培训和发展还有助于推动精益文化在整个组织中的传播和实施。员工通过培训掌握的技能和知识可以在实际工作中应用和分享，促进团队之间的协作和信息共享，进而推动组织各部门的协同改进。这种文化的建立不仅能够持续提升工作质量和效率，还能增强员工对组织目标的参与感和责任感，形成全员参与、持续改进的工作氛围，为组织的长期发展奠定坚实的基础。

精益管理原则在物流中的应用，通过消除浪费、持续改进、优化价值流、实施看板管理、减少不确定性和变异、应用技术和自动化，以及持续培训和发展，实现了物流运营的高效和灵活性。通过这些措施，物流企业能够显著提高运营效率、降低成本、提高客户满意度和竞争力。精益管理不仅是一种方法，更是一种文化，它要求组织内每个人都积极参与到持续改进中，共同推动物流运营的不断优化和发展。

持续改进方法与案例研究

持续改进（Continuous Improvement）方法是一种系统化的管理方法，旨在通过不断评估和改进业务流程，提高组织的效率、质量和响应能力。这种方法依赖于全员参与、数据驱动决策和系统化的改进过程。常见的持续改进工具和方法包括PDCA循环（Plan Do Check Act）、Kaizen、六西格玛（Six Sigma）和精益管理（Lean Management）。以下是对持续改进方法的详细论述及案例研究。

一、持续改进方法

（一）PDCA循环（Plan Do Check Act）

1. Plan（计划）：识别需要改进的领域、设定目标并制订详细的行动计划是持续改进过程中的关键步骤。通过数据分析、员工反馈和客户意见，确定流程中的"瓶颈"和低效环节，明确需要改进的具体领域。设定明确、可量化的改进目标，如减少生产周期时间或降低缺陷率，以便有具体的方向和衡量标准。制订详细的行动计划，包括所需的资源、时间表、责任人和具体的改进措施，确保改进过程有序推进并能够有效实施，从而实现预定的改进目标。

2. Do（执行）：实施计划中的改进措施需要按照预定的时间表和步骤，分配相应的资源和责任人，确保每个环节都能按计划执行。在实施过程中，持续监控进展和效果，及时调整和优化改进措施，以确保改进目标的顺利实现。

3. Check（检查）：评估改进措施的效果需要通过数据和指标进行系统化分析。首先，收集与改进目标相关的关键绩效指标（KPI），如生产效率、缺陷率、成本节约等。然后，将这些数据与改进前的基准数据进行对比，评估改进措施的实际效果。如果指标显示出显著的提升，表明改进措施有效。否则，需要重新审视并调整改进策略。通过持续监控和数据分析，确保改进措施能够带来预期的效果，并为进一步优化提供依据。

4. Act（行动）：如果改进措施有效，应将其标准化，并在整个组织中推广，确保持续受益。如果效果不理想，则需要重新评估问题，调整计划和策略，制定新的改进措施，确保最终实现预定目标。

（二）Kaizen

Kaizen意为"改善"，强调通过小规模、逐步地改进实现持续提升，其核心理念是全员参与，即任何员工都可以提出改进建议。Kaizen活动通常以团队合作和工作坊的形式进行，促使员工共同快速识别和解决问题。这种方法不仅提升了工作流程的效率和质量，还增强了员工的参与感和责任感，从而在组织内部培养了一种持续改进的文化。

（三）六西格玛（Six Sigma）

六西格玛是一种以数据驱动的改进方法。旨在通过减少过程变异来提高质量和效率。这种方法不仅关注产品的质量，还关注生产过程的改进。DMAIC（Define Measure Analyze Improve Control）方法是一种系统化的持续改进过程，是六西格玛管理中流程改善的重要工具。旨在通过统计分析减少过程中的变异，从而提升质量和效率。在"Define"阶段，明确问题和改进目标；在"Measure"阶段，收集相关数据并建立基准；在"Analyze"阶段，通过深入数据分析找出问题根源；在"Improve"阶段，制定并实施改进措施；在"Control"阶段，监控改进效果，确保持续优化。DMAIC方法特别侧重于数据驱动决策和系统化问题解决，目标是实现极高的过程精度和低缺陷率，从而显著提升产品和服务质量，优化资源利用，增强企业竞争力。通过严格遵循DMAIC步骤，企业能够不断发现和解决问题，推动业务流程的持续改进和卓越运营。

（四）精益管理（Lean Management）

通过消除浪费（Muda）、改善流程和优化资源利用，精益管理（Lean Management）提升了整体效率，确保资源的最佳利用。精益管理特别强调价值流图分析，识别流程中的增值和非增值活动，从而有针对性地消除浪费，优化流程，提升增值活动的效率。采用5S（整理、整顿、清扫、清洁、素养）等工具，不仅推动了工作场所的标准化，创造了井然有序和安全的工作环境，还促进了员工的自律和责任感，从而实现持续改进。这种方法通过系统化的流程优化和资源管理，使得企业能够降低运营成本，提高生产效率，最终增强市场竞争力和客户满意度。

二、案例研究

案例：丰田汽车的Kaizen方法实践

（一）背景

丰田汽车公司是Kaizen（改善）方法的发源地，其成功经验被全球范围内的企业广泛引用和学习。Kaizen强调通过小规模、逐步地改进实现持续提升，全员参与是其核心理念。丰田通过推广Kaizen文化，使全体员工积极参与到持续改进中，从而实现生产线的持续优化。

（二）实施过程

在丰田，每个员工都被赋予提出改善建议的权利，这些建议会得到公司的重视并迅速实施。丰田通过定期举行Kaizen工作坊和培训，鼓励员工跨部门合作和创新。

1. 工具摆放优化

在丰田的一个装配线上，员工发现工具摆放位置不合理，导致了频繁的等待时间和操作错误。为了解决这个问题，装配线团队通过Kaizen工作坊提出了重新设计工具摆放位置的建议。通过精心的布局和设计，将工具放置在更易于获取的位置，员工能够快速找到并拿取所需工具。这一改进不仅减少了寻找工具的时间，还显著降低了因寻找工具而分心导致的操作错误。更重要的是，这种优化提高了工作效率和生产线的流畅度，使得每个工位的生产活动更加高效有序，进一步提升了整体生产线的生产力和产品质量。这种细致入微的改进措施展示了Kaizen方法在实际操作中的巨大作用，凸显了通过持续改进实现整体优化的有效性。

2. 工作流程改进

丰田的另一个团队在分析工作流程时，发现某些步骤之间存在不必要的停顿和重复操作。利用Kaizen方法，团队对工作流程进行了重新设计，消除了多余的步骤和"瓶颈"，从而实现了流程的顺畅和高效。通过这次改进，新流程不仅缩短了生产周期，还显著提高了整体生产效率，使得每个环节的衔接更加紧密，生产线运行更加流畅。这样的改进不仅提升了产能，还降低了运营成本，进一步增强了丰田在市场上的竞争力。

3. 供应链优化

丰田还在整个供应链中推广Kaizen文化，与供应商和合作伙伴共同实施改进措施。通过与供应商合作优化零部件的供应流程，丰田显著减少了供应链中的延误，确保了生产线的连续性和效率。例如，与某个关键零部件供应商的合作，不仅改进了库存管理系统，实现了更精确的零部件交付时间，还加强了信息共享和沟通机制。这一改进措施使供应商能够更及时地响应丰田的需求，确保零部件的及时供给，避免了因零部件短缺导致的生产停滞。同时，优化后的供应流程还减少了库存积压和相关成本，提高了供应链整体的灵活性和响应速度。通过这种全面的供应链协作和改进，丰田不仅提升了自身的运营效率和生产能力，还增强了与供应商之间的信任和合作关系，进一步巩固了其在市场中的竞争优势。

（三）成果

推广和实施Kaizen文化，丰田显著提高了生产效率和产品质量。其具体成果包括以下几个方面。

1. 减少装配线上的等待时间：工具摆放优化和流程改进使得等待时间大幅减少，生产线运行更加顺畅。这种优化通过精心设计和布局，使工人能够更快速地获取所需工具，从而减少了寻找和取用工具的时间。消除不必要的步骤和"瓶颈"，使得每个工作环节之间的衔接更加紧密，生产流程更加高效。这些改进不仅提升了生产速度，还降低了操作错误的发生率，整体上显著提高了生产线的效率和产能。

2. 减少操作错误和缺陷率：更好的工具管理和流程设计减少了人为错误，显著提升了产品质量。通过精确布置工具位置和优化操作流程，工人能够更快捷地找到并使用正确的工具，减少了因工具摆放不当或流程混乱导致的错误。这种改进不仅提高了工作效率，还减少了返工和降低废品率，使得每一个产品都能以更高的质量标准完成。此外，优化后的流程使得每个生产环节更加一致和可控，从而提高了整体生产的稳定性和可靠性。这些措施不仅增强了生产线的运作效率，还提升了客户满意度和企业的市场竞争力。

3. 提高员工参与度和责任感：全员参与的Kaizen文化增强了员工的参与感和责任感，促进了团队协作和创新。在这种文化氛围中，每位员工都被鼓励提出改进建议，积极参与到工作流程的优化中。这样的参与不仅使员工对自己的工作更加投入和负责，还激发了他们的创造力和主动性。通过团队合作和共同解决问题，Kaizen文化促进了知识共享和技能提升，营造了一个积极向上的工作环境。这种协作和创新精神，不仅提升了企业的整体效率和竞争力，也提高了员工的满意度和归属感。

4. 增强供应链稳定性：与供应商的紧密合作和改进措施确保了生产线的连续性和效率，显著减少了供应链风险。通过优化供应流程和加强信息共享，供应商能够更准确地响应需求，及时提供所需零部件。这种合作关系不仅提升了供应链的稳定性和灵活性，还减少了因供应延误或短缺导致的生产停滞，确保了整个生产过程的顺畅运行。

（四）结论

丰田汽车的Kaizen实践展示了持续改进文化的强大影响力。Kaizen强调全员参与，每位员工都被鼓励提出改进建议，并通过系统化的流程优化和资源管理来实现这些改进。通过这种方法，丰田在多个方面均取得了显著成效。

全员参与确保了改进措施的全面性和实用性。员工在一线工作中对流程和工具最为了解，他们的建议往往能够直接解决实际问题。通过定期的Kaizen工作坊和培训，丰田不仅激发了员工的创新思维，还提高了他们的参与感和责任感。这种文化使得每位员工都成为质量和效率提升的推动者。系统化的流程优化和资源管理使丰田能够持续提高生产效率和产品质量。例如，通过精心设计工具摆放位置和优化工作流程，丰田减少了生产线上的等待时间和操作错误。这些改进措施使得生产线更加流畅，产品质量更加稳定，显著降低了返工率和废品率。丰田在供应链管理中推广Kaizen文化，与供应商和合作伙伴共同实施改进措施。通过优化零部件的供应流程和加强信息共享，丰田减少了供应链中的延误，确保了生产线的连续性和效率。这样的合作不仅提高了供应链的稳定性和灵活性，还降低了因供应链问题导致的生产停滞风险。这种全员参与、持续改进的文化，不仅增强了丰田的市场竞争力，还显著提升了客户满意度。通过不断优化产品和服务，丰田在激烈的市场竞争中保持了领先地位。客户对丰田产品的质量和可靠性充满信任，这种信任进一步巩固了丰田在市场中的卓越地位。丰田汽车的Kaizen实践通过全员参与、系统化的流程优化和资源管理，显著提高了生产效率和产品质量，增强了市场竞争力和客户满意度。这种持续改进的文化，使丰田在不断变化的市场环境中始终保持领先地位，持续提升产品和服务的卓越水平。

持续改进方法通过系统化的评估和改进，帮助组织不断优化业务流程，提高效率和质量。无论是通过PDCA循环、Kaizen、六西格玛还是精益管理，这些方法都强调全员参与、数据驱动和持续改进。通过实际案例可以看到，持续改进不仅能够解决具体问题，还能推动组织文化的转变，使企业在竞争激烈的市场中保持领先地位。

绿色物流与可持续发展

第 8 章

环境友好的物流实践

环境友好的物流实践是指在物流运营中采取一系列措施，以减少对环境的负面影响，提高资源利用效率，实现可持续发展。随着全球对环境保护意识的增强和相关法规的出台，企业越来越重视在物流环节中实施环境友好型措施。以下是对环境友好型物流实践的详细论述。

一、绿色运输

（一）优化运输路线

通过使用先进的运输管理系统（TMS），企业可以显著优化运输路线，减少不必要的行驶距离和时间，从而降低燃料消耗和碳排放。

1. 实时数据分析

TMS利用实时数据分析和GPS跟踪，可以监控车辆的当前位置、行驶速度和交通状况。基于这些数据，TMS能够动态调整运输路线，避免交通拥堵和其他路障，从而减少行驶时间和燃料消耗。这种动态优化不仅提升了运输效率，还降低了运营成本和环境影响。

2. 智能路径规划

TMS具有智能路径规划功能，通过综合考虑多种因素如距离、时间、交通状况和道路条件，选择最优路线。这样的智能路径规划不仅能确保车辆在最短时间内到达目的地，还能减少行驶距离，避免交通拥堵，从而显著降低燃料消耗和运输成本。这种优化提高了运输效率和准时率，同时减少了车辆磨损和环境污染。这种路径优化不仅能减少行驶距离，还能降低车辆的磨损和维护成本。

3. 车辆调度优化

TMS优化车辆调度，确保每辆车都能以最高效率完成任务。通过整合多个订单，TMS能够智能地安排装载和配送顺序，减少车辆的空载行驶和多余行程。这种优化调度不仅提升了运输效率，还降低了运营成本和燃料消耗。TMS的高效调度功能使得企业能够更灵活地应对客户需求变化，减少延误，提高准时交付率，从而增强客户满意度和市场竞争力。此外，减少空载行驶和优化行程也有助于降低车辆的磨损和维护成本，延长车辆使用寿命，进一步提高企业的整体运营效益。

4. 节能驾驶建议

TMS可以提供节能驾驶建议，帮助司机采用更节能的驾驶方式，如减少急加速和急刹车。这种驾驶行为不仅能节省燃料消耗，还能延长车辆的使用寿命，降低维护和修理成本。通过引导司机采取平稳驾驶和优化车速，TMS有助于提高整体运输效率，减少车辆的磨损，并减少碳排放对环境的影响。这些节能措施不仅提高了企业的经济效益，还增强了其环保形象和可持续发展的能力。

5. 减少等待时间

TMS通过优化装卸货时间表，减少车辆在装卸货地点的等待时间。这不仅提高了运输效率，还显著减少了车辆在怠速状态下的燃料消耗，从而降低了运营成本和环境影响。优化装卸货流程使得运输过程更加流畅，进一步提升了整体物流效益。

6. 车队管理与维护

监控车辆的运行状态和维护需求，通过提前安排维护计划，可以避免车辆故障和意外停运。保持车辆的最佳运行状态，不仅提高了燃料效率，还减少了不必要的燃料消耗和运营成本。通过预防性维护措施，车辆运行更加可靠，减少了因突发故障导致的停运时间。这种主动管理方式确保了运输任务的连续性和准时性，提高了整体运输效率和客户满意度。此外，定期维护还延长了车辆的使用寿命，降低了长期维修费用，进一步增强了企业的经济效益和竞争力。

7. 环境影响评估

TMS可以追踪和评估每次运输的碳排放量，帮助企业了解其环境影响。基于这些数据，企业能够制定更有效的减排策略和目标，持续优化运输过程的环境绩效。这种数据驱动的方法不仅增强了企业的环保意识，还推动了企业在可持续发展方面的努力，进一步减少运营对环境的负面影响。

（二）使用低排放车辆

推广使用电动卡车、混合动力车辆和其他低排放车辆能够显著减少运输过程中产生的温室气体和污染物。电动卡车完全依赖电力驱动，不排放尾气，直接降低了二氧化碳和其他有害污染物的排放量。而混合动力车辆结合了内燃机和电动机的优势，在城市低速行驶时主要使用电动模式，大幅减少了燃油消耗和排放。同时，这些低排放车辆在加速、减速和怠速状态下能够表现出更高的燃油效率，进一步减少了碳足迹。此外，电动卡车和混合动力车辆的引入，还可以降低噪声污染，提升城市和道路环境的整体质量。通过推广使用这些环保车辆，企业不仅能降低其环境影响，还能展示其在可持续发展方面的承诺，增强品牌形象和市场竞争力。

（三）提高装载效率

通过提高货物装载效率，减少空车运行次数，可以显著降低运输车辆的总体能源消耗和排放。优化装载效率意味着每次运输尽可能满载运行，从而减少运输车辆的行驶频次和总里程。这不仅降低了燃料消耗和碳排放，还提升了运输资源的利用率，降低了运营成本。先进的运输管理系统（TMS）和智能调度技术可以帮助企业精确计算最佳装载方案，整合多笔订单，实现高效装载。减少空车运行不仅节省燃料，还减少了道路拥堵和交通负荷，进一步降低了运输过程中的环境影响。通过这些措施，企业不仅能在经济上获得显著收益，还能有效履行其环保责任，促进可持续物流运营。

（四）多式联运

鼓励使用多式联运，将公路运输与铁路、水运和空运相结合，这样可以显著降低整体运输过程中的碳足迹。多式联运利用不同运输方式的优势，通过优化运输路线和手段，减少对环境的影响。铁路运输和水运在大批量长距离运输中具有明显的能源效率优势，相比公路运输，它们的燃料消耗和温室气体排放更低。例如，将货物从内陆运输到港口，可以优先选择铁路或内河航运，减少公路运输的比例，从而降低碳排放。通过智能化的运输管理系统，企业可以有效地协调和整合不同运输方式，实现货物运输的无缝衔接。这样的系统能够动态调整运输计划，根据实时数据选择最环保和高效的运输路线和方式。此外，多式联运还可以通过减少道路交通拥堵，提高运输时间的可预测性和可靠性，进一步优化物流效率。在实际操作中，多式联运的应用不仅有助于降低碳排放，还能减少对道路基础设施的磨损和维护成本。通过整合铁路和水运等环保运输方式，企业可以显著减少公路运输的频次，减轻交通压力，提升整体物流网络的效率和可持续性。

通过推广和鼓励使用多式联运，企业不仅能在环境保护方面取得显著成效，降低运输过程中的碳足迹，还能提升物流效率，降低运营成本，满足日益增长的市场需求和环保要求。

二、可持续仓储

（一）绿色建筑

在建设和改造仓库时，采用节能设计和材料，安装高效的照明、通风和制冷系统，可以显著减少仓储设施的能源消耗。使用节能建筑材料和隔热技术，有效降低温度波动和能源需求。高效LED照明系统不仅减少了电力消耗，还提供了更好的光照环境。优化的通风系统和高效制冷设备能够确保仓库内的空气质量和温度控制，进一步减少能源能耗。通过这些措施，企业能够降低运营成本，同时实现更环保和可持续的仓储管理。

（二）可再生能源

在仓库屋顶安装太阳能板或使用其他可再生能源，为仓储设施提供电力，可以显著降低对传统能源的依赖，减少运营成本和环境影响。太阳能板利用清洁的太阳能发电，能够为仓库的照明、通风、制冷和其他设备提供可持续的能源来源，减少对化石燃料的需求。通过安装太阳能板，企业不仅可以降低电费开支，还能享受政府的绿色能源补贴和税收优惠。此外，利用风能或地热能等其他可再生能源，可以进一步增强能源供应的多样性和稳定性。采用可再生能源的仓库在减少碳排放的同时，还能够提升企业的环保形象，增强客户和投资者的信任和支持。综合来看，利用可再生能源为仓储设施供电，是企业实现可持续发展目标的重要一步。

（三）废物管理

实施有效的废物管理计划，鼓励回收和再利用仓储过程中的包装材料、托盘和其他物品，可以显著减少废物填埋量。通过设立专门的回收站点和分类回收系统，企业能够高效地回收纸板、塑料、木材和金属等各种材料，避免资源浪费。此外，推广使用可重复使用的包装和托盘，不仅减少了一次性用品的需求，还降低了采购成本和废物处理费用。员工培训和激励措施进一步促进了废物管理计划的执行，增强了全员的环保意识。通过这些措施，企业不仅能够实现环境效益，还能提升运营效率和品牌形象，满足日益严格的环保法规和社会责任要求。

（四）节水措施

在仓储设施中实施节水技术，如雨水收集系统和高效用水设备，可以显著减少水资源的消耗，提升设施的可持续性。雨水收集系统通过收集和储存雨水，可用于非饮用水需求，如清洁、灌溉和冷却系统，降低对市政供水的依赖。高效用水设备，如低流量水龙头、节水马桶和智能灌溉系统，能够优化用水效率，减少不必要的浪费。综合使用这些节水技术，不仅减少了水资源消耗，还降低了水费支出，延长了设备使用寿命。实施这些措施，不仅有助于环境保护，还能够提升企业的社会责任形象，满足绿色建筑标准和法规要求，从而提升企业的市场竞争力和品牌价值。

三、环保包装

（一）减少包装材料

优化产品包装设计，减少包装材料的使用量，从而降低废弃物的产生。采用可再生和可降解材料替代传统塑料包装，进一步减少对环境的影响。这样的设计策略不仅减少了资源浪费和处理成本，还提升了产品的环保形象。企业通过创新包装方案，不仅能满足环保法规和市场需求，还能增强品牌的社会责任感和客户的绿色消费体验。

（二）循环包装系统

推广可重复使用的包装系统，如可循环使用的托盘、箱子和容器，可以显著减少一次性包装的浪费。这些耐用的包装解决方案不仅减少了材料消耗和废弃物处理成本，还提高了物流效率和包装的安全性。通过循环使用包装材料，企业能够降低运营成本，减少环境影响，提升可持续发展的形象。此外，这种环保措施还符合日益严格的环保法规和客户对绿色产品的期望，增强了市场竞争力和品牌忠诚度。

（三）绿色标签

在产品和包装上使用环保标签，标示其可回收性和环保特性，可以显著增强消费者的环保意识，并鼓励回收行为。通过清晰的环保标识，消费者能够迅速了解产品及其包装的环保优势，从而更加倾向于选择这些产品。环保标签不仅提供了关于如何正确回收和处理废弃物的信息，还提升了品牌的绿色形象，彰显了企业的社会责任感。随着消费者对可持续发展的重视增加，他们更愿意支持那些致力于环保的品牌和产品。企业在产品和包装上使用环保标签，不仅能满足法规要求，还能通过宣传环保理念，培养消费者的绿色消费习惯，推动整个社会的环保进程。这种策略有助于减少环境污染，节约资源，同时提高企业的市场竞争力和客户忠诚度。

四、逆向物流

（一）回收与再利用

建立逆向物流系统，回收和再利用客户退回的产品、包装和材料，能够显著减少资源浪费和环境污染。通过这一系统，企业可以有效地管理退货、维修和再制造流程，延长产品生命周期，减少对新材料的需求。逆向物流还可以促进资源的循环利用，降低废弃物处理成本，并提升企业的环保形象，提高企业的市场竞争力。

（二）产品维修和再制造

维修和再制造能够显著提高产品的使用寿命，减少对新产品的生产需求，从而降低资源消耗和碳排放。延长现有产品的生命周期不仅减少了原材料的开采和加工需求，还减少了生产过程中产生的能源消耗和污染物排放。这样一来，不仅有助于环保，还能降低生产成本，提高资源利用效率。整体而言，维修和再制造策略对实现可持续发展目标具有重要意义，有助于企业在环保和经济效益之间取得平衡。

五、物流网络优化

（一）仓储网络布局

优化仓储网络布局，减少仓库数量和规模，提高了物流系统的整体效率。将仓库设立在接近供应商和客户的区域，减少了长距离运输的需求。这种布局不仅降低了运输成本和时间，还减少了燃料消耗和碳排放，提高了物流服务的响应速度和环保效益。

（二）智能物流技术

采用物联网（IoT）、大数据分析和人工智能（AI）等先进技术，可以显著提高物流运营的可视性和效率，减少资源浪费和环境影响。物联网技术实现了货物和设备的实时监控与管理，大数据分析提供了精准的需求预测和优化方案，而人工智能则通过智能调度和自动化操作优化物流流程。结合这些技术，企业能够实时追踪和调整物流活动，减少库存积压和运输空载，提高资源利用率和运营效率，从而降低运营成本和碳足迹，促进可持续发展。

六、案例研究：亚马逊的绿色物流实践

亚马逊作为全球最大的电商平台之一，在绿色物流实践方面做出了诸多努力。其主要表现在以下几个方面。

（一）电动配送车队

亚马逊致力于建立一支电动配送车队，以减少城市配送中的碳排放。公司计划在未来几年内增加数万辆电动配送车辆，通过这一举措，亚马逊不仅显著降低了配送过程中的温室气体排放，还展示了其对可持续发展的承诺。这项计划不仅有助于提高城市空气质量，还推动了绿色物流的发展，强化了亚马逊在环保方面的企业形象。

（二）太阳能仓储设施

亚马逊在全球范围内的仓储设施中安装了太阳能板，利用可再生能源为仓库供电。公司计划到2025年实现所有业务运营百分之百使用可再生能源。这一举措不仅降低了对传统能源的依赖，还显著减少了碳排放，体现了亚马逊对环保和可持续发展的承诺。

（三）智能包装算法

亚马逊使用智能包装算法，根据订单的具体需求优化包装大小和材料，减少过度包装和包装材料的浪费。这种算法能够精确计算出最合适的包装方案，确保每个订单在运输过程中得到充分保护的同时，最大限度地减少多余材料的使用。通过这一技术，亚马逊不仅降低了运营成本，还减少了包装废弃物的产生，进一步推动了环保和可持续发展的目标。

（四）回收计划

亚马逊鼓励消费者参与包装回收计划，通过设置回收站点和提供回收服务，减少包装废弃物对环境的影响。这项计划旨在方便消费者将使用后的包装材料进行分类回收，避免其进入垃圾填埋场或焚烧处理。亚马逊还在其平台上提供指导和激励措施，鼓励客户积极参与回收活动。通过这项计划，亚马逊不仅有效减少了包装废弃物的环境负担，还提升了消费者的环保意识，推动了循环经济的发展。此举不仅彰显了企业的社会责任感，还提升了品牌形象，赢得了更多消费者的支持和信任。

环境友好的物流实践是现代企业实现可持续发展的重要途径。通过优化运输、仓储、包装和物流网络，企业不仅能够降低运营成本和环境影响，还能提升企业的社会责任形象和竞争力。随着科技的进步和环保意识的提高，环境友好的物流实践将成为企业在全球市场中脱颖而出的关键因素。

可持续供应链的构建与管理

构建与管理可持续供应链是现代企业实现长期发展和环境保护的重要战略。可持续供应链不仅关注经济效益，还考虑环境保护和社会责任。以下是对可持续供应链构建与管理的详细论述。

一、可持续供应链的定义与重要性

可持续供应链是指在整个供应链的各个环节中，采用环保、节能和社会责任的原则和方法，旨在减少环境影响、节约资源并提升社会效益。其重要性体现在以下几个方面。

（一）环境保护

减少供应链各环节的碳足迹、废弃物和污染，对于保护自然资源和生态系统至关重要。通过优化生产流程、采用环保材料和技术、提升能源效率，以及实施废物管理和回收计划，企业能够大幅降低其环境影响。这不仅有助于减缓气候变化和减少生态破坏，还能确保资源的可持续利用。进一步减少环境污染和废弃物，有助于维护生态系统的健康和生物多样性，推动社会和经济的可持续发展，同时提升企业的环保形象和市场竞争力。

（二）社会责任

确保供应链中的劳工权益、工作条件和社区影响符合道德和法律标准，是实现可持续和负责任运营的关键。通过实施严格的劳工标准和定期审核，企业能够保护工人的基本权益，提供安全和公平的工作环境。此外，积极与社区合作，减少供应链运营对当地环境和社会的负面影响，能够提升企业的社会责任形象。这样的做法不仅符合道德和法律要求，还增强了企业的信誉和长期竞争力。

（三）经济效益

通过优化资源利用和提升效率，企业可以显著降低运营成本并提高供应链的整体韧性和竞争力。优化资源利用涉及精确的需求预测、有效的库存管理和改进的生产流程，从而减少浪费和过剩。提升效率可以通过采用先进技术，如自动化、物联网（IoT）和大数据分析，实现更快速和精准的决策。这些措施不仅减少了能源消耗和材料浪费，还增强了供应链对市场波动和突发事件的应对能力。更高的效率和资源利用率意味着企业可以以更低的成本提供更高质量的产品和服务，进而提升其市场竞争力和盈利能力。在全球市场竞争日益激烈的背景下，优化资源利用和提升效率是企业实现可持续增长和长远发展的关键策略。

二、可持续供应链的构建

（一）供应链设计与优化

1. 绿色设计：在产品设计阶段，考虑可持续性因素至关重要，包括材料的可回收性、能效和生命周期评估。选择可回收材料不仅减少了资源浪费，还降低了产品对环境的长期影响。通过提高产品的能效设计，可以减少其在使用过程中的能源消耗，降低碳足迹。生命周期评估则涉及对产品从原材料获取、生产、使用到最终处置的全流程分析，确保每个环节都尽可能环保和高效。这样的综合考虑不仅有助于减少环境影响，还能满足日益严格的环保法规和消费者对可持续产品的需求。最终，企业能够在实现环保目标的同时，提升产品的市场竞争力和品牌价值，推动可持续发展。

2. 供应链网络优化：优化仓储和运输网络布局，通过将仓库战略性地设在靠近供应商和客户的位置，可以显著减少长距离运输需求，从而降低能源消耗和碳排放。这种优化不仅减少了运输时间和成本，还提高了物流效率和服务水平。通过减少车辆在途时间和行驶里程，企业能够大幅度减少燃料使用和温室气体排放，推动绿色物流的发展。此外，优化的网络布局能够提高供应链的灵活性和响应速度，进一步增强企业的竞争力和可持续性。

3. 选择供应商：选择环保认证的供应商，确保其符合可持续发展标准，并建立长期合作关系。这不仅有助于企业实现环境目标，还能提升供应链的整体可持续性和稳定性。通过与符合环保标准的供应商合作，企业能够确保产品和服务符合环保法规和市场需求，进一步提升品牌形象和市场竞争力。

（二）绿色采购

1. 采购策略：优先采购可再生资源和环保材料，有助于减少对不可再生资源的依赖，推动企业向可持续发展迈进。使用可再生资源不仅降低了环境影响，还促进了资源的循环利用，减少了废弃物的产生。此外，环保材料通常具有更低的碳足迹和更好的可降解性，进一步减少了生产和使用过程中的污染。通过这样的采购策略，企业不仅能提升自身的环保形象，还能满足消费者对绿色产品的需求，增强市场竞争力和品牌忠诚度。

2. 供应商评估：建立绿色供应商评估体系，通过对供应商的环境绩效进行全面审核和评估，确保其符合可持续发展的要求。这一体系包括定期检查供应商在环保认证、生产过程中的能效管理、废弃物处理和排放控制等关键环节。评估过程中使用量化指标，如碳足迹、水足迹、能源使用效率和废物回收率，以便客观地衡量供应商的环境影响。通过这一严格的评估机制，企业能够筛选出真正符合环保标准的供应商，建立长期合作关系。这种体系也鼓励供应商持续改进环保绩效，推动整个供应链的绿色转型。绿色供应商评估体系不仅增强了企业的环境责任和市场竞争力，还能为实现全球可持续发展目标作出积极的贡献。

（三）能源管理

1. 可再生能源：在生产和物流过程中，优先使用太阳能、风能等可再生能源，能够显著减少对化石燃料的依赖。这不仅降低了碳排放和其他污染物的产生，还促进了能源的可持续利用。通过采用可再生能源，企业可以减少运营成本，提升环保形象，同时为全球环境保护和应对气候变化作出积极的贡献。

2. 能效提升：技术改进和设备升级可以显著提高能源使用效率，减少能源消耗和温室气体排放。优化现有工艺流程和采用先进技术，如高效电机、智能控制系统和节能装置，不仅能够降低运营成本，还能减少对环境的负面影响。这种方法不仅有助于企业实现可持续发展目标，还能提升其市场竞争力和社会责任形象。

（四）废物管理

1. 减少浪费：精益生产和过程优化能够减少生产过程中的废物产生。采用这些方法，企业可以识别并消除非增值活动，优化资源利用，从而降低废物产生量。这不仅有助于提高生产效率和降低成本，还减少了环境污染，推动了可持续发展。精益生产和过程优化还促进了整体运营的透明度和标准化，进一步增强了企业的竞争力和市场响应能力。

2. 回收利用：建立完善的废物回收和再利用体系，是提高材料和产品回收率的重要措施，能够显著减少废弃物填埋和焚烧。首先，企业应设置专门的回收站点和分类收集系统，确保废物能够根据材质进行有效分类和处理。其次，制定详细的回收流程和标准操作程序，确保每个环节都能高效运行，从废物的收集、运输到再处理都应严格管理。最后，企业可以与回收机构和再生材料供应商建立合作关系，确保回收的废物能够得到及时和妥善处理，并转化为可再利用的材料。通过应用先进的回收技术，如机械回收、化学回收和热回收，提高废物处理的效率和质量。此外，推广使用可重复利用的包装和材料，减少一次性用品的使用，从源头上减少废物的产生。培训员工和宣传环保理念也是废物管理的关键环节，通过教育和激励措施，提高员工和消费者对废物回收和再利用的参与度和责任感。企业还应定期监控和评估废物回收体系的绩效，利用数据分析优化回收流程，不断提高回收率和再利用率。

通过这些综合措施，企业不仅能有效减少废弃物填埋和焚烧，降低环境污染，还能实现资源的循环利用，降低原材料采购成本，推动可持续发展和绿色经济的建设。

（五）物流优化

1. 绿色运输：采用电动卡车、混合动力车辆和其他低排放运输工具，可以显著减少运输过程中的碳排放。这些环保运输工具在运营中产生的温室气体和污染物远低于传统内燃机车辆，从而降低了对空气质量的负面影响。电动卡车完全依赖电力驱动，无尾气排放，而混合动力车辆通过结合电动和燃油动力，优化了燃料效率并减少了排放量。此外，这些低排放运输工具还降低了运营成本，如燃料费用和维护费用。整体而言，采用这些环保运输工具不仅推动了企业的可持续发展，还提升了其社会责任形象和市场竞争力。

2. 多式联运：结合公路、铁路、水运和空运的优势，优化运输方式，可以显著减少整体运输过程中的环境影响。通过多式联运，企业能够选择最适合自己的运输方式，将长距离、大批量货物优先通过能效更高的铁路和水运运输，减少公路运输的频次和距离，从而降低燃料消耗和碳排放。这种优化不仅提高了运输效率，还减少了对环境的负面影响，推动了绿色物流的发展。

三、可持续供应链的管理

（一）环境绩效评估

1. 关键绩效指标（KPI）：设立环境相关的关键绩效指标（KPI），如碳足迹、水足迹和废弃物产生量，是评估和监控供应链环境绩效的有效方法。通过这些KPI，企业能够量化和追踪各环节的环境影响，及时识别改进机会。定期评估和监控这些指标，不仅有助于确保企业的运营符合环保法规和标准，还能推动持续改进。比如，通过分析碳足迹数据，企业可以优化运输路线和方式，减少温室气体排放。监控水足迹则有助于发现和减少生产过程中不必要的水资源消耗。跟踪废弃物产生量，企业可以制定和实施有效的废物管理和回收计划，减少对环境的污染。通过设立和监控这些KPI，企业不仅提高了环境绩效，还提升了市场竞争力和社会责任形象，满足利益相关方对可持续发展的期望。

2. 环境审计：定期对供应链进行环境审计是确保各环节符合环保标准和法律法规的关键措施。环境审计通过系统化的检查和评估，识别供应链中的潜在环境风险和不合规行为，促使各环节改进和优化环保措施。通过定期审计，企业能够确保其供应链运营在减少碳排放、废物处理和资源利用方面达到既定的环保目标。这不仅有助于避免法律和经济制裁，还提升了企业的社会责任形象和市场信誉，推动其整体可持续发展。

（二）供应链透明度

1. 信息共享：建立供应链信息共享平台，提高供应链透明度，确保各方了解和遵守可持续发展的要求。这一平台通过实时数据和信息的共享，使供应链各环节的参与者能够全面了解生产、运输、库存和环境绩效等方面的动态。透明的信息流动不仅有助于各方协同工作，优化资源配置和流程管理，还能及时识别和解决潜在的环境和合规问题。通过这种透明化管理，企业能够强化与供应商和合作伙伴的信任关系，共同致力于可持续发展目标，提高整个供应链的效率和环保绩效，从而提升市场竞争力，维护品牌信誉。

2. 追溯系统：利用物联网（IoT）和区块链技术建立产品追溯系统，实现供应链全过程的可追溯性。这种系统能够实时记录和跟踪产品在各个环节的流动和状态，确保数据的透明度和不可篡改。IoT技术收集和传输关键数据，如位置、温度和湿度等，提供实时监控和管理。而区块链技术则确保数据的安全性和完整性，使各方都能信任和依赖这些信息。这种可追溯性不仅提高了供应链的效率和安全性，还增强了消费者对产品来源和品质的信任，进一步推动了供应链的透明化和可持续发展。

（三）员工培训与意识提升

1. 培训计划：定期开展可持续供应链管理的培训，提高员工的环保意识和技能，是推动企业可持续发展的重要举措。这些培训使员工了解最新的环保标准和最佳实践，提高他们在工作中应用绿色技术和方法的能力。通过不断提升员工的环保意识和专业技能，企业能够更有效地实施可持续供应链策略，减少环境影响，提高整体运营效率，提升企业的社会责任形象。

2. 激励机制：建立激励机制，鼓励员工和合作伙伴积极参与可持续供应链的构建和管理。这些激励措施可以包括奖励计划、绩效评估和表彰，旨在认可和激励在环保和可持续实践中表现突出的个人和团队，从而提高整体供应链的环境绩效和竞争力。

（四）合作与创新

1. 合作伙伴关系：与供应链各环节的合作伙伴建立紧密的合作关系，共同推进可持续发展目标，是实现绿色供应链的重要策略。通过加强沟通与协作，企业可以与供应商、物流服务提供商和客户共同制定并实施环保标准和最佳实践。这种紧密的合作关系有助于确保整个供应链在资源利用、能源消耗和废物管理等方面达成一致的可持续发展目标。共同推进这些目标的实现不仅能够提高供应链的整体效率和环境绩效，还能提升各方的竞争力，并维护市场声誉，实现经济效益与环境保护的双赢局面。

2. 技术创新：研发和应用新技术，如大数据分析、人工智能和绿色制造技术，能够显著提高供应链的可持续性和竞争力。大数据分析提供了深度洞察，帮助企业优化库存管理和运输路线，减少浪费。人工智能提高了预测和决策能力，使供应链更加灵活和高效。绿色制造技术则减少了资源消耗和环境污染，实现了更加环保的生产过程。这些技术的结合，不仅提高了供应链的整体运营效率，还提升了企业的市场竞争力和环境责任形象。

构建与管理可持续供应链是企业实现长期发展和环境保护的重要战略。通过绿色设计、绿色采购、能源管理、废物管理和物流优化等措施，企业可以显著减少环境影响，提高资源利用效率。环境绩效评估、供应链透明度、员工培训与合作创新等管理措施，进一步推动了可持续供应链的构建和管理。案例研究显示，成功实施可持续供应链管理，不仅带来了环境效益和社会效益，还提升了企业的经济效益和市场竞争力。因此，企业应积极构建和管理可持续供应链，为实现可持续发展目标贡献力量。

第9章

客户关系管理与服务创新

客户需求的变化与适应

一、客户需求的变化

（一）多样化和个性化需求

现代消费者的需求呈现出越来越多样化和个性化的趋势，他们期望产品和服务能够精准地满足其特定的偏好和生活方式。例如，某些消费者可能偏爱环保和可持续发展的产品，而另一些则可能追求高科技和智能化的生活方式。这种需求的变化促使企业不断进行创新，推出更加多样化的产品线和定制化服务，以满足不同细分市场的需求。为了满足这些多样化和个性化的需求，企业采取了多种策略。例如，服装品牌开始提供定制服务，让消费者可以选择面料、颜色和款式，甚至根据自己的体型进行量身定制。食品和饮料行业也在推出更多的个性化产品，如特定口味的健康食品、有机食品以及满足特定饮食需求的产品（如无麸质、低糖或高蛋白食品）。科技产品公司通过提供定制化选项，能够让消费者根据自己的使用需求选择硬件配置、软件功能和外观设计。例如，消费者可以在购买笔记本电脑时选择处理器、内存、存储空间和颜色，甚至可以刻上自己的名字或特别的图案。与此同时，服务行业也在积极适应消费者的个性化需求。旅游公司提供定制旅游路线，根据客户的兴趣和偏好设计独特的旅行体验。健身行业推出了个性化的健身计划和饮食指导，通过分析客户的健康数据和目标，提供量身定制的解决方案。

这些创新和多样化的产品和服务不仅满足了消费者的特定需求，还增强了客户体验和满意度，进而提升了品牌忠诚度和市场竞争力。企业通过不断创新和适应市场变化，能够更好地洞察消费者的需求动向，保持在市场中的领先地位。

（二）对速度和便利性的要求

随着电子商务的兴起和物流技术的进步，消费者对交付速度和便利性的期望不断提高。即时配送、次日达和灵活的退换货政策成为许多消费者选择品牌的重要因素。

1. 交付速度的提升

现代消费者希望在下单后能够尽快收到商品，尤其是日常必需品和紧急需求品。即时配送（如同日达和数小时内送达）和次日达服务成为满足这一需求的重要方式。企业通过优化仓储布局，在主要消费区域设立前置仓库，并利用高效的物流技术和配送网络，确保快速响应和及时交付。通过大数据分析和智能调度系统，企业可以精确预测需求，提前备货，并优化配送路径和资源分配，确保次日达服务的高效运作。

2. 便利性的提升

消费者在网购过程中，希望在收到商品后能有足够的时间和灵活性进行退换货操作，以确保购买决策的正确性和商品的满意度。企业通过提供便捷的退换货流程和多种退货渠道，如在线申请退货、预约上门取件、就近实体店退货等，极大提升了消费者的购物体验和信任度。此外，企业还提供多样化的配送选项，如指定时间段配送、周末及夜间配送、快递柜和便利店自提等，满足了消费者的个性化需求。这些服务不仅让消费者在选择和接收商品时更加灵活和方便，还通过实时的订单跟踪和通知服务让消费者随时掌握包裹动态，进一步增强了消费者对品牌的信任和依赖。这种全方位的服务优化，不仅提升了客户满意度，也增加了客户的忠诚度，为企业赢得了更多的市场份额和良好的口碑。

3. 技术支持

高效的数据处理和智能分析是提升交付速度和便利性的基础。企业利用大数据分析消费者的购物习惯和需求变化，优化库存管理和物流网络布局。同时，人工智能算法帮助预测需求高峰，进行智能调度和路径优化，提高配送效率和准确性。引入自动化仓储系统、机器人和无人机等先进技术，加快仓储和配送环节的运作，显著缩短订单处理时间，提升配送速度。

（三）对可持续发展的关注

随着环保意识的增强，越来越多的消费者在购买决策中高度重视产品和服务对环境的影响。他们更倾向于选择那些在生产和运营过程中采用绿色材料、使用可再生能源和维护可持续供应链的品牌。绿色材料是指那些在生产、使用和废弃过程中对环境影响较小的材料，如可降解塑料、可回收纸张和有机纺织品。可再生能源的使用则包括太阳能、风能和水能，这些能源在使用过程中不会产生有害排放，并且能够持续再生。可持续供应链涉及从原材料采购到产品交付的整个过程，确保每个环节都符合环保标准，并尽量减少碳足迹和废弃物产生。

这种偏好促使企业在产品设计和生产中更加注重环保。例如，电子产品制造商可能会选择可回收塑料和铝作为原材料，减少对新资源的依赖；时尚品牌可能会使用有机棉或回收纤维，降低纺织品生产对环境的破坏。企业在供应链管理中也更加关注环境影响，通过优化运输路线减少碳排放，选择环保认证的供应商，确保整个生产链条的可持续性。品牌在市场营销中突出其环保措施和承诺，也能够增强消费者的信任和认可。例如，一些公司会在产品包装上标明其环保特性，或在广告中强调其绿色生产流程和环保目标。这些措施不仅满足了环保消费者的需求，还帮助企业树立了负责任的品牌形象，赢得了更多的市场份额和客户忠诚度。消费者对环保的关注促使企业在各个环节都更加注重可持续发展，通过绿色材料、可再生能源和可持续供应链的应用，不仅减少了对环境的负面影响，还提升了品牌的市场竞争力和社会责任感。

（四）数字化体验

数字化技术的发展彻底改变了消费者与品牌互动的方式，使得购物体验变得更加无缝和个性化。消费者期望能够使用各种便捷的支付方式完成购买，包括信用卡、电子钱包、移动支付应用以及分期付款选项。现代在线平台集成了多种支付解决方案，确保结账过程快速、安全且简便。通过大数据分析和人工智能技术，品牌能够分析消费者的购物行为和偏好，从而提供个性化的产品推荐。这种推荐不仅基于消费者过去的购买记录，还考虑了他们浏览的商品、添加到购物车的物品以及类似用户的偏好，提升了购物的愉悦感和满意度。全天候的客户支持是提升消费者购物体验的关键，在线平台提供多种渠道的客户支持，包括实时聊天、电子邮件、电话支持和自助服务选项。通过人工智能驱动的聊天机器人，消费者可以在任何时间获得快速回答和解决方案，而复杂的问题则可以转接给人工客服，确保问题得到及时和专业的处理。品牌通过虚拟试衣间和增强现实（AR）技术，允许消费者在线试穿衣服、试戴配饰或试用化妆品。这种技术不仅让消费者能够更好地感知商品的实际效果，还降低了退货率，提高了购物决策的准确性。数字化技术使得消费者能够在多个渠道之间无缝切换，从网站到移动应用，再到实体店的体验。一些品牌提供线上下单、线下取货的服务（BOPIS）以及线上下单、线下退货的便利选项，让购物体验更加灵活和便捷。在线平台通过会员和奖励计划来增强消费者的忠诚度，个性化的优惠券、积分奖励和专属折扣能让消费者感受到特殊待遇，增加了消费者与品牌的黏性。

通过实时库存管理系统，品牌能够确保产品的可用性，并在缺货时及时通知消费者或提供替代商品，使得消费者在购物过程中不会遇到断货的情况，从而提升了购物满意度。总之，数字化技术的发展让消费者期望通过在线平台获得无缝的购物体验，包括便捷的支付方式、个性化推荐和全天候的客户支持，品牌也因此能够更好地满足消费者的需求，增强市场竞争力。

二、适应客户需求变化的策略

（一）产品和服务多样化

企业需要不断进行市场调研，了解消费者的偏好和需求变化，从而开发出多样化的产品和服务。这些调研不仅包括传统的问卷调查和焦点小组，还应利用大数据分析和社交媒体监测，获取更全面和实时的消费者洞察。通过定制化选项和灵活的产品组合，企业能够更好地满足不同客户群体的需求。例如，在服装行业，品牌可以提供个性化定制服务，让客户选择款式、颜色、面料，甚至根据体型量身定做。而在科技产品领域，企业可以推出不同配置的产品版本，满足从普通用户到专业用户的各种需求。通过这些定制化和多样化的产品策略，企业不仅能够提高客户满意度和忠诚度，还能迅速响应市场变化，抢占先机，增强市场竞争力。深入的市场调研和灵活的产品开发策略是企业成功应对不断变化的消费者需求的关键。

（二）提升供应链灵活性

优化供应链使企业能够更迅速地响应市场需求变化。采用物联网（IoT）、大数据分析和人工智能（AI）等先进的供应链管理技术，可以提高预测准确性和运营效率，确保产品及时供应。物联网技术实现了对库存、运输和生产环节的实时监控，大数据分析提供了深入的市场洞察和需求预测，而人工智能则通过智能调度和优化算法提升整体供应链的灵活性和响应速

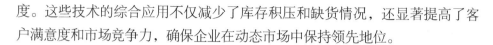

度。这些技术的综合应用不仅减少了库存积压和缺货情况，还显著提高了客户满意度和市场竞争力，确保企业在动态市场中保持领先地位。

（三）增强客户体验

为了满足客户对速度和便利性的要求，企业应全面提升物流和配送能力。首先，需要投资于高效的配送网络和先进的仓储系统。建设和优化分布广泛的仓库布局，可以缩短配送距离，减少运输时间。例如，通过在主要消费区域设立前置仓库，企业能够实现同日达或次日达的快速配送服务。采用自动化仓储技术和智能分拣系统，提高仓库运营效率，确保订单处理的速度和准确性。企业应确保物流网络的高效运作，利用实时数据监控和动态调度系统优化配送路线，减少运输时间和成本。通过引入电动卡车和无人机等新兴技术，不仅提升了配送速度，还减少了碳排放，符合环保要求。提供优质的售后服务和灵活的退换货政策是提升客户满意度的关键。企业可以通过多种渠道提供便捷的退换货服务，如在线申请退货、预约上门取件以及就近实体店退货等，简化退换货流程，增强消费者的购物信心和体验。全天候的客户支持服务，包括实时聊天、电话支持和电子邮件等，确保消费者在任何时候都能获得及时的帮助和问题解决。

实施这些措施，企业不仅能够快速、准确地交付产品，还能提供优质的客户服务，满足消费者对速度和便利性的高要求，进一步增强客户满意度和品牌忠诚度。优化配送网络和仓储系统，采用先进的技术手段，并提供灵活的退换货政策和全天候客户支持，使企业在提高运营效率的同时，显著提升了客户体验和信任度。

（四）推动可持续发展

采用环保材料和绿色制造技术，企业能够显著减少产品的环境足迹，符合现代消费者对可持续发展的期望。使用可再生、可降解和低环境影响的材料，结合节能、高效的生产工艺，不仅降低了资源消耗和污染排放，还提升了产品的整体环保性能。透明地展示企业在环保方面的努力，通过详细的环境报告、可视化的生产过程以及环保认证标志，让消费者清晰了解品牌的环保承诺。这种透明度不仅提升了品牌的环保形象，还建立了消费者对品牌的信任和认可，吸引了更多关注环保的消费者。与此同时，企业通过环保举措提升了市场竞争力和社会责任感，满足了越来越多注重环境保护的客户需求，从而实现经济效益与环境效益的双赢。

（五）数字化转型

1.个性化推荐

采用先进的算法和大数据分析技术，数字化平台能够为每位消费者提供个性化推荐。通过分析消费者的历史购买记录、浏览行为和偏好，平台可以准确地推荐相关产品，提升购物的相关性和满意度。例如，电商网站会根据消费者最近浏览的商品或购物车中的物品，推荐类似或相关的商品。这种个性化推荐不仅增加了消费者的购买可能性，还提升了购物体验的愉悦感，提高了消费者的购物效率。

2.便捷支付

为了满足消费者对快速、安全支付的需求，数字化平台整合了多种便捷支付方式，包括信用卡、电子钱包（如Apple Pay、Google Wallet）、移动支付应用（如支付宝、微信支付）以及分期付款选项。这种多样化的支付方式满足了不同消费群体的偏好和需求，确保每位用户都能找到最适合自己的支付方法。便捷的支付流程减少了消费者在结账时的时间和步骤，使整个购物过程更加顺畅和愉快。无论是通过简单的点击完成支付，还是使用指纹识别和面部识别技术进行身份验证，消费者都能享受到快捷、安全的支付体验。企业通过采用加密和安全支付技术，确保交易的安全性，增强消费者的信任感和使用意愿。先进的加密技术保护消费者的支付信息和个人数据不被窃取和滥用，确保每一笔交易都在安全的环境中进行。此外，数字化平台还会进行持续的安全监控和风险评估，及时发现和应对潜在的安全威胁，防止欺诈行为的发生。为了进一步提升安全性，一些平台还引入了双重认证和动态密码等多重安全措施，增加了交易的可靠性和安全性。便捷和安全的支付体验不仅提升了消费者的满意度，还增加了平台的用户黏性和回购率。消费者在享受快速、安全支付的同时，也更加信任和依赖这些平台，从而愿意在未来更多地使用这些平台进行购物和支付。此外，多样化的支付方式和高安全性措施使平台更具竞争力，吸引了更多的消费者和合作伙伴，为企业带来了更多的市场机会和增长潜力。

3.全天候客户支持

数字化平台通过提供24小时的客户支持服务，满足消费者对即时帮助和问题解决的需求。采用实时聊天机器人和人工智能技术，消费者可以在任何时间获得常见问题的快速回答和解决方案。对于复杂的问题，平台则会将客户转接至人工客服，提供专业的帮助。此外，电子邮件和电话支持进一步增强了客户服务的全面性和便捷性。这种全天候、多渠道的客户支持确保了消费者在购物过程中和售后服务中的良好体验，提升了客户满意度和品牌忠诚度。

4. 数据驱动的服务和营销策略

（1）大数据分析了解客户行为和偏好

通过大数据分析，企业能够深入了解客户的行为和偏好。收集和分析消费者在平台上的每一次点击、浏览和购买记录，企业可以识别出不同客户群体的需求和趋势。这些数据不仅帮助企业优化产品推荐和库存管理，还为制定精准的营销策略提供了依据。

（2）提供更具针对性的服务和营销策略

利用大数据分析的结果，企业可以制定更具针对性的服务和营销策略。例如，针对某一特定消费者群体，企业可以推出个性化的促销活动和优惠券，提高营销效果和转化率。同时，企业可以根据消费者的偏好和需求，调整产品组合和定价策略，提升市场竞争力。大数据分析还可以帮助企业预测市场趋势和消费者需求变化，提前做出调整，保持市场的敏捷性和响应能力。

采用数字化平台和技术，企业能够显著提升在线购物体验。通过个性化推荐、便捷支付和全天候客户支持，满足消费者对数字化体验的高期望。同时，利用大数据分析了解客户行为和偏好，提供更具针对性的服务和营销策略，不仅能够提高客户满意度和忠诚度，还能增强企业的市场竞争力，并充分发挥业务增长潜力。

物流服务创新与客户满意度

一、物流服务创新

（一）即时配送和次日达服务

物流服务创新的一个显著方面是即时配送和次日达服务。消费者对快速交付的需求日益增长，电商平台和物流公司纷纷采用先进的技术和优化的网络布局来满足这一需求。例如，亚马逊通过Prime服务提供的次日达和当日达服务，极大地提升了客户体验。此类服务的实现依赖于智能仓储系统、高效的物流网络以及实时数据分析，使得企业能够更快、更精准地完成订单处理和配送。

1. 智能仓储系统

（1）自动化仓储

采用机器人和自动化分拣系统，显著提高了仓储操作的效率和准确性。机器人能够快速且精确地移动货物，从接收到订单到将货物放置到适当的装运位置，整个过程都由高精度的自动化系统控制。这不仅减少了人为错误，还大幅缩短了操作时间。通过自动化分拣系统，仓库可以更快地处理大量订单，提高订单处理速度和准确性，进而提高整体物流效率和客户满意度。

（2）实时库存管理

通过物联网（IoT）技术实现实时库存监控，企业能够确保库存数据的准确性和即时更新。传感器和智能设备安装在仓库中各个关键位置，能够实时收集并传输库存信息至中央系统。这使得企业能够实时监控库存水平，迅速响应订单需求，避免因缺货或库存过剩而导致的问题。通过精确的库存管理，企业能够优化供应链运作，提高订单处理效率，同时降低存储和运输成本，从而提高整体运营效率和客户满意度。

2. 高效的物流网络

（1）前置仓库布局

在主要消费区域设立前置仓库是优化物流布局的重要策略之一。通过将库存位置靠近消费者集中地区，企业能够显著缩短配送距离和运输时间。这种策略不仅能够提升配送速度，实现快速的次日达甚至同日达服务，还能够降低物流成本和增加配送的灵活性。前置仓库的设置使得企业能够更加快速、高效地响应消费者的订单需求，提升客户满意度和竞争力。

（2）多渠道配送

整合多种配送方式是优化物流运营的关键策略之一，包括快递公司、自有物流车队和众包配送。通过整合这些不同的配送通道，企业能够灵活应对订单的紧急程度和地理位置的差异，从而提高配送的效率和客户满意度。快递公司提供了广泛的网络覆盖和标准化的服务，适合大规模的日常配送需求；自有物流车队则可以针对特定地区或特殊需求提供定制化的配送方案，确保服务质量和效率；而众包配送则能够在需求高峰时段或特定区域快速扩展配送能力，以满足短期内的大量订单。通过整合这些配送方式，企业不仅能够提升物流操作的灵活性和响应速度，还能够降低成本并优化资源利用，从而增强竞争力并提高市场占有率。

3. 实时数据分析

（1）需求预测

利用大数据分析消费者的购物行为和需求趋势，可以帮助企业实现精准的需求预测。通过分析消费者的购买模式、偏好、季节性变化以及市场趋势，企业能够预测到未来的需求变化，提前进行库存备货和生产安排。这种预测能力使企业能够更快速地响应市场需求，缩短订单处理时间，同时避免因库存不足或过剩而导致的成本增加和客户满意度下降的问题。通过大数据分析，企业可以优化供应链管理，提高运营效率，进而增强市场竞争力和客户忠诚度。

（2）动态调度

对实时数据监控和分析，企业可以动态调整配送路线和资源分配。利用智能调度系统优化配送路径，有效规避交通拥堵，从而显著提高配送效率。这种方法不仅能够缩短配送时间，还能减少运输成本，并改善客户体验，因为客户可以更准确地知道预计送达时间。

（3）客户偏好分析

分析客户的历史订单和配送偏好是优化客户体验和提高服务质量的关键步骤。通过深入了解客户的购物行为和偏好，企业可以定制化配送服务，满足不同客户群体的需求。例如，有些客户可能更倾向于在工作日的晚上或周末收货，企业可以根据这些信息灵活安排配送时间，提供更加个性化和便捷的服务体验。这种个性化配送策略不仅增强了客户对品牌的信任和满意度，还有助于提高重复购买率和客户忠诚度，从而在竞争激烈的市场中保持竞争优势。

4. 信息透明度和客户沟通

（1）实时跟踪

为消费者提供实时订单跟踪服务是提升客户体验和服务透明度的重要举措。通过应用手机或网站，消费者可以随时查询包裹的配送进度，了解包裹的实时位置和预计送达时间，这不仅增强了消费者的信任感，还减少了他们的不确定性。实时订单跟踪服务使消费者能够更加方便地安排接收包裹的时间，及时做好收货准备，提升整体购物体验的顺畅性和便利性。这种透明化的服务不仅满足了现代消费者对信息的迫切需求，还有助于企业建立良好的品牌形象，增强市场竞争力。

（2）即时通知

通过手机短信、电子邮件或应用推送通知消费者订单状态和预计到达时间，是提升客户体验的有效方式。这些即时通知能够减少消费者的等待焦虑，让他们及时了解订单处理进展和预计配送时间，从而更好地安排接收商品的时间。这种及时的沟通不仅增强了消费者对品牌的信任感，还提升了整体购物体验的顺畅性和满意度。

即时配送和次日达服务是物流服务创新的重要组成部分。通过智能仓储系统、高效的物流网络和实时数据分析，企业能够快速、准确地处理和配送订单，满足消费者对快速交付的需求。这些措施不仅提升了客户体验感和满意度，还增强了企业的市场竞争力。

（二）智能仓储和自动化技术

现代物流创新在仓储管理智能化和自动化方面取得了显著进展。通过引入机器人技术、人工智能和物联网，自动化仓储系统能够实现货物的自动分拣、搬运和库存管理。这些技术的应用不仅大幅提高了仓储效率，减少了人为错误的可能性，还显著缩短了订单处理的时间。例如，阿里巴巴旗下的菜鸟网络就采用了先进的机器人和自动化分拣系统，使得物流操作更为高效和精确，从而提高了整体的物流效率和服务质量。这些技术的应用不仅改善了仓储环境的工作条件，也为客户提供了更快速、可靠的订单处理和配送服务。

（三）多样化的配送选项

物流服务提供商通过多样化的配送选项，如指定时间段配送、周末及夜间配送、快递柜和便利店自提等服务，有效满足了不同客户群体的需求。这些选择不仅使消费者能够根据个人时间安排更灵活地选择配送方式，还显著提升了消费体验的便利性和满意度。例如，对于需要在工作日专注工作的消费者来说，周末或夜间配送能够避免因白天不在家而错过包裹的情况，从而更加方便地收到所需商品。快递柜和便利店自提服务则为消费者提供了在不同地点和时间收取包裹的选择，不再受制于传统的配送时间和地点限制。这些服务的引入不仅提升了消费者的购物便利性，还加强了物流服务的灵活性和适应性。消费者能够更轻松地完成购物体验，而物流企业也能通过这些创新服务提高整体的配送效率和客户服务水平。随着消费者需求的不断变化和技术的进步，物流行业也在不断演进，以更好地满足现代消费者对便捷、灵活和高效物流服务的期望。

（四）绿色物流

随着环保意识的增强，绿色物流已成为物流服务创新的重要方向。企业通过采用电动配送车辆替代传统燃油车辆，优化运输路线以减少里程和能源消耗，以及使用环保包装材料和可再生能源，有效降低了物流活动对环境的负面影响。这些举措不仅能够显著减少碳排放和空气污染，还有助于保护自然资源和生态系统的可持续性。通过推行绿色物流，企业不仅能够响应消费者对环保的强烈诉求，还能够提升自身的社会责任形象和品牌价值。消费者对环境友好产品和服务的偏好不断增加，这使得采用绿色物流成为企业获取和维持消费者忠诚度的重要策略之一。因此，通过在物流运营中实施绿色技术和实践，企业不仅在环保方面作出贡献，还能够为自身带来长期的竞争优势和可持续发展的机会。

（五）实时追踪和透明度

物流服务创新还体现在信息透明度的提升上。通过物联网和大数据技术，物流公司能够提供实时追踪服务，让消费者随时了解包裹的动态。透明的信息流通不仅提升了消费者的信任度，还减少了因配送延误等问题引起的客户投诉。

二、客户满意度的提升

（一）提升客户体验

物流服务的创新直接推动了客户体验的全面提升。例如，即时配送和次日达等快速配送选项极大地缩短了消费者等待商品的时间，满足了他们对快速交付的高需求，从而显著提升了购物体验的便利性和满意度。企业通过引入多样化的配送选项，如指定时间段配送、周末及夜间配送，以及快递柜和便利店自提等服务，不仅增加了消费者的选择灵活性，也有效降低了未能及时收货的风险，使消费者能够根据个人时间安排选择最合适的配送方式。企业提供灵活的退换货政策和全天候客户支持服务，进一步增强了客户体验的完整性和可靠性。消费者可以通过多种方式处理退换货，如在线申请退货、预约上门取件，或在就近实体店进行退换货操作，享受到高效、便捷的服务体验。这种综合的服务模式不仅提升了消费者在购物过程中的舒适感和信任度，也有助于企业建立起强大的客户关系，促进品牌的忠诚度和口碑的积极传播。通过持续优化和创新物流服务，企业能够有效提升客户满意度，赢得竞争优势并实现可持续发展。

（二）增强客户信任

智能仓储和自动化技术在现代物流管理中发挥着关键作用，极大地提高了订单处理的效率和准确性。通过机器人技术和自动化分拣系统，企业能够快速、精确地处理大量订单，减少了错发、漏发等问题，从而有效提升了订单处理的准确性和客户的信任度。

实时追踪和透明度是另一个重要的服务优势，消费者通过手机应用或网站可随时查看包裹的配送进度和实时位置。这种信息的透明性使消费者能够准确预估收货时间，增强了对物流服务的信任感和满意度。企业通过建立及时的客户反馈和问题解决机制，进一步加强了与客户的沟通和关系管理，确保消费者在整个购物过程中享受到高质量的服务体验。智能化的仓储管理和自动化技术不仅提升了物流运作的效率和准确性，还通过增强实时追踪和透明度以及有效的客户沟通机制，显著提升了客户对物流服务的信任度和整体满意度。这些措施不仅增强了企业的竞争力，还有助于建立长期稳固的客户关系，推动企业的可持续发展。

（三）满足个性化需求

多样化的配送选项和绿色物流措施不仅仅是满足消费者对个性化和环保的需求，更是推动企业在市场竞争中取得优势的重要策略之一。现代消费者越来越重视个性化的服务体验和环境保护，这使得企业必须在物流服务上提供更多选择和可持续性的解决方案。

多样化的配送选项允许消费者根据自身的时间安排和特定需求选择最适合的配送方式。例如，周末或夜间配送服务能够满足忙碌工作日程的消费者，而指定时间段配送则更好地适应那些需要确切收货时间的人群。这种灵活性不仅提升了消费者的便利感，也增强了他们对品牌的忠诚度，因为他们可以依赖企业提供的个性化服务来满足日常生活中的需求。绿色物流措施如电动配送车辆、环保包装材料和优化的运输路线，显著减少了物流活动对环境的负面影响。随着消费者环保意识的增强，选择环保物流服务的比例也在逐步增加。消费者更倾向于支持那些采取积极环保措施的企业，这不仅有助于减少碳排放和资源浪费，还可以提升企业的社会责任形象和品牌美誉度。个性化和环保的物流服务体验不仅提升了客户满意度，还增强了企业在市场中的竞争力。通过满足消费者多样化的需求和环保偏好，企业能够与消费者建立起更加紧密和稳固的关系，从而促进长期的客户忠诚度和品牌口碑的积极传播。

（四）提升品牌忠诚度

物流服务的创新对客户满意度的提升直接促进了品牌忠诚度的增强，这一点在现代市场竞争中至关重要。消费者在购物过程中，物流服务的质量和效率成为影响他们对品牌忠诚度的重要因素之一。

优质的物流服务直接提升了客户的购物体验。例如，及时准确的配送、灵活的配送选项以及透明的订单跟踪系统，使消费者能够更方便地收到他们购买的商品，减少了等待时间和不确定性。这种顺畅的购物体验不仅满足了消费者对服务速度和便利性的需求，还增强了他们对品牌的信任感和满意度。优质的物流服务能够提升品牌的可靠性和专业形象。当消费者在多次购物中都体验到高效、可靠的物流服务时，他们更倾向于选择并信任这些品牌。这种信任和依赖逐渐转化为品牌忠诚度，使消费者愿意长期与品牌保持良好的关系，从而提高了品牌的回购率和客户生命周期价值。持续优化和创新物流服务可以增强品牌的竞争力。随着市场竞争的加剧，企业需要不断提高自身的物流能力和服务水平，以满足消费者日益增长的需求和期待。通过引入新技术、优化供应链管理和提高配送效率，企业不仅提升了客户满意度，还在市场上树立了良好的口碑，并保持一贯的竞争优势。优质的物流服务不仅影响单次购物体验，更在长期中建立了与消费者的稳固关系。消费者在选择品牌时，往往会考虑到整体的购物体验，包括售前、售中和售后服务。因此，通过持续提高物流服务质量和创新水平，以使企业能够稳固客户的忠诚度，实现长远的市场发展目标。

物流服务的创新直接转化为客户的满意度和品牌的忠诚度提升。通过提供优质的物流体验，企业不仅赢得了消费者的信任和依赖，还建立了稳固的市场地位和竞争优势，推动了品牌在市场中的持续发展和增长。物流服务创新是提升客户满意度的重要手段。通过即时配送、智能仓储、多样化配送选项、绿色物流和实时追踪等创新措施，企业能够显著提升客户体验感、增强客户信任、满足客户的个性化需求，从而提升品牌忠诚度和市场竞争力。成功的物流服务创新不仅能满足消费者对速度和便利性的高要求，还能推动企业在市场中的持续发展，并占据领先地位。

参考文献

[1]范小磊.信息技术在物流管理中的应用研究[J].中国市场，2021（6）：177-178.

[2]徐炎.现代信息技术在物流产业中的应用——以传化物流为例[J].现代商业，2021（9）：53-55.

[3]李爱军.大数据环境下的物流信息管理研究[J].信息记录材料，2021，22（3）：140-141.

[4]杨文科.浅谈物联网技术下的现代物流信息管理系统[J].商场现代化，2020（24）：40-42.

[5]郭源生.信息技术与现代物流的融合与创新发展[J].民主与科学，2015（2）：12-13.

[6]陆化普.智能交通系统主要技术的发展[J].科技导报，2019（6）：27-29.

[7]李玉辉. 新发展阶段河源现代服务业与先进制造业的融合发展研究[J]. 新经济，2022（11）：95-101.

[8]张立华，张艳东，邢会. 高端服务业—先进制造业—生态环境匹配发展及共生问题——以河北省为例[J]. 科技管理研究，2022，42（8）：131-138.

[9]沈丹阳，刘姣. 制造业与物流业协同发展对地区经济增长的效应差异——基于2005—2019年31个省（自治区、直辖市）面板数据的实证[J]. 供应链管理，2022，3（7）：85-96.

[10]苏涛永，张亮亮，赵鑫. 制造业与物流业耦合对制造企业生产率的影响——基于产业共生视角[J]. 工业工程与管理，2020，25（3）：42-49.

[11]刘敬青.货物运输需求相关问题研究[J].物流技术，2008（2）：1-4，10.

[12]周广亮，吴明.中原城市群物流业发展水平时空分异及影响因素分析[J].河南理工大学学报（自然科学版），2021，40（5）：90-98.

[13]张林，姚进才，王钦，等.发展物流产业助推区域经济增长的协同凝聚研究：基于国家物流枢纽城市面板数据[J].城市发展研究，2021，28（5）：1-6.

[14]徐静，喻凯欣，姚冠新，等.区域物流发展对城市群一体化影响的实证研究：以扬子江城市群为例[J].物流科技，2020，43（10）：105-108.

[15]戢晓峰，王然，李晓娟.我国城市物流用地变化对城镇化的影响：基于291个城市的实证[J].物流研究，2020（2）：19-28.